교사는
아이들과 함께
성장한다

교사는 아이들과 함께 성장한다

(행복한 아이를 만드는 교실 속 아이들, 교실 밖 아이들 교육 처방전)

[행복한 교과서®] 시리즈 No. 34

지은이 ㅣ 정선아
발행인 ㅣ 홍종남

2018년 2월 4일 1판 1쇄 발행
2018년 12월 24일 1판 2쇄 발행(총 3,000부 발행)

이 책을 만든 사람들
책임 기획 ㅣ 홍종남
북 디자인 ㅣ 김효정
교정 교열 ㅣ 김재민
제목 ㅣ 구산책이름연구소
출판 마케팅 ㅣ 김경아

이 책을 함께 만든 사람들
종이 ㅣ 제이피씨 정동수 · 정충엽
제작 및 인쇄 ㅣ 천일문화사 유재상

펴낸곳 ㅣ 행복한미래
출판등록 ㅣ 2011년 4월 5일. 제 399-2011-000013호
주소 ㅣ 경기도 남양주시 도농로 34, 부영e그린타운 301동 301호(다산동)
전화 ㅣ 02-337-8958
팩스 ㅣ 031-556-8951
홈페이지 ㅣ www.bookeditor.co.kr
도서 문의(출판사 e-mail) ㅣ ahasaram@hanmail.net
내용 문의(지은이 e-mail) ㅣ jsagoodluck@naver.com
※ 이 책을 읽다가 궁금한 점이 있을 때는 지은이 e-mail을 이용해 주세요.

ⓒ 정선아, 2018
ISBN 979-11-86463-30-7
〈행복한미래〉 도서 번호 061

교사는 아이들과 함께 성장한다

| 정선아 저 |

행복한미래

교.사.공.감.
화장실에서도 울고, 교실에서도 울었다!

"우리 반 아이들이 정 선생님 반 아이들처럼 그렇게 말을 안 들었으면 지금쯤 내 속은 썩어 문드러졌을 거야."

교감 선생님께서 우스갯소리로 말씀하셨다.

"그러니까요. 제가 어떻게 버텼을까요."

웃으며 이런 말을 주고받을 수 있다는 것이 참 감사했다. 그 상황들이 이제는 과거라는 것도 참 감사했다.

2011년 9월, 초등학교로 첫 발령이 났다.

주변의 축하와 기대를 받으며 대한민국 초등학교 여교사가 되었다. 내가 노력해서 얻은 직업이었고, 모두의 부러움을 한몸에 받는 직업이었다. 사람들이 부러워한 이유는 안정적이고 편하고 쉽다는 생각 때문이었다. 나도 이 조건을 누릴 수 있는 교사라는 직업이 좋았다. 자부심을 가졌다.

몇 년의 시간이 흘렀다. 교직의 현실을 어느 정도 경험하고 나니 내가 만족스럽게 여겼던 조건이 어느덧 불평 거리로 변했다. 이 돈 받고 이렇게 힘든 삶을 살아야 할까. 현실에 발을 들이기 전 내가 꿈꾸었던 모습과는 많이 달랐다.

아이들과 지내는 동안에는 크고 작은 일이 끊임없이 일어났다. 예상한 대로, 계획한 대로 흘러가는 일상은 드물었다. 아이들의 다툼, 사고, 문제, 갈등은 예기치 않게 찾아왔다. 한 개인의 삶도 평탄하지 않은데 어떻게 스무 명 이상의 아이들과 지내는 삶이 무난할 것이라 생각했는지 모르겠다. 그런 평온함을 기대한 내 잘못이었다. 안정적이라는 말은 전혀 교직과 어울리지 않았다.

학부모를 만나는 일도 교사가 해야 할 중요한 일이다. 매년 학부모를 만나면서 상처는 물론 감정이 소진될 때가 많았다. 교사는 아이뿐만 아니라 아이의 부모와도 함께 걸음을 맞추어야 한다. 수십 명의 마음을 움직이고 이끌어 가는 교사라는 직업은 절대 쉽고 편하지 않다.

아이들을 만나면서 나 자신도 깨져야 한다. 아이들과 맺는 관계 속에서 내 진짜 모습이 보인다. 어린 시절의 상처, 내면의 두려움, 단호하지 못함, 연약함이 아이들 앞에서 반응을 한다. 교사라는 일을 직업으로 삼고 싶었지만 일 속에서 자꾸만 내 존재가 드러났다. 아이들 앞에 서면 학교 안팎에서 이중생활을 하는 내가 부끄럽고 창피했다. 그러던 중 교직의 밑바닥을 경험했다.

2017년 7년 차 교사가 된 나는 아주 특별한 아이들을 만났는데, 이때 교직 생활을 그만두어야겠다고 결심했다. 그러면서 그만두기 전에 후회가 남지 않도록 최선을 다하기로 했다.

'마지막이라 생각하고 발버둥을 쳐 보자. 그래도 안 되면, 진짜 그만두자.'

하루하루를 견디고 버텼다. 수업을 할 수 없는 상황이 하루에도 몇 번씩 찾아왔다. 툭 하면 소리를 지르고 싸우고 욕하고, 물건을 뒤집어엎으면서 교실 밖으로 도망치는 아이들…….

버티기가 너무 힘들었다. 5교시가 있는 날이면 점심시간에 화장실에서 몰래 울고 교실에 들어갔다. 살면서 그렇게 머리가 터질 것 같았던 적은 없었다. 내 정신이 온전히 버틴 것이 신기할 정도였다.

3개월 후 아이들은 조금씩 변하기 시작했다. 그 시점에서 나도 변해 있었다. 내가 변해서 아이들이 변했는지, 아이들이 변해서 나도 변했는지 잘 모르겠다. 어찌되었든 우리는 지금 함께 웃고 있다.

미숙한 두 존재가 손잡고 계속 걷다 보니 어느새 서로를 바라보며 웃게 되었다. 아이들과 나는 과거를 웃으며 회상한다.

"그때는 그랬었지. 너도 그랬고, 선생님도 그랬잖아. 근데 우리 참 많이 변했다. 그치?"

"네, 선생님. 저 근데 옛날처럼 살기 싫어요. 지금이 좋아요."

내가 아이들을 변화시켰다고 생각하지 않는다. 나는 그만큼 대단한 사람이 아니다. 주변 선생님께 배운 대로 좀 더 기다리고, 좀 더 아이의 존재를 인정하려고 노력했으며, 아이들 앞에서 드러나는 약하고 연약한 내 모습을 더 많이 마주했을 뿐이다. 그런데도 아이들과 나는 어느새 성장해 있었다.

나는 아이들에게 도움을 준 것이 아니라 아이들과 같은 처지로 시간을 함께 보냈다. 나는 학교 가는 길이 더 이상 두렵지 않다. 학교 가기 전날 더 이상 가슴이 먹먹하지도 않다. 앞으로 아이들과 같이 사는 동안 예기치 않은 일은 계속 일어날 것이고, 그 일로 아이들과 나는 함께 성장할 것이라고 믿는다.

아이들과 함께 분투하던 때, 내가 이 글을 쓸 것이라고는 전혀 생각하지 못했다. 내가 웃으면서 아이들의 손을 잡고 눈을 마주칠 수 있을 것이라고도 상상하지 못했다. 그래서 지금, 정말 감사하다.

글을 쓰면서 아이들에게 받은 상처 때문에 마음이 아파 울고, 내가 아이들에게 준 상처로 미안해서 울었다. 후회하고 자책하고 아쉬워하기도 했다. 내가 어떤 사람이었는지 인정할 수밖에 없었다.

교사로서 삶과 부족함을 드러내는 글을 쓰는 일이 쉽지만은 않았다. 많이 망설였음에도 글을 쓰기로 결심한 이유는 '위로와 힘' 때문이다. 평범한 보통 교사인 내 이야기로 함께 위로받고 힘을 얻었으면 좋겠다. 아이들 앞에서 문득 떠오르는 옆 반 선생님의 소소한 이야기 같았으면 좋겠다. 유난히 힘들고 지친 날 이 책을 펼쳤을 때, 다시 교사가 되기를 잘했다고 스스로를 다독여 주는 글이었으면 좋겠다.

차 례

1부. 나는 이렇게 교사가 되었다

2부. 상처받은 아이들, 마음 상처가 회복되다

3부. 교사는 아이들과 함께 성장한다

4부. 나는 행복을 디자인하는 교사입니다

5부. 학교의 진실 : 꿈이 없는 아이들, 그리고 철학의 빈곤

나는 이렇게
교사가
되었다

01
교대생에서 교사로!
비하인드 스토리를 공개합니다

초등학교 시절, 내 꿈은 글을 쓰는 사람이었다. 나는 책을 거의 읽지 않았고 말주변도 없었다. 우리 부모님처럼 말이다. 그런데 이상하게도 학교에서 독서 감상문이나 시를 써서 제출하라고 하면 사뭇 진지해졌다. 늘 그랬던 것 같다. 글쓰기 앞에서는 다른 사람으로 변해 있었다.

중학교 때 꿈은 가수였다. 그 당시 유행했던 가수 보아의 〈넘버원〉을 부르고 다니며 전화 오디션에도 몇 번 참여했었다. 예상 밖의 호평도 받았었다. 노래가 내 재능이라는 것을 핑계 삼아 오락실 노래방을 자주 다녔다.

고등학생이 되어서는 하고 싶은 일이 사라졌다. 현실과 마주한 것이다. 이제 진짜 밥 먹고 살 수 있는 직업을 생각하며 공부해야겠다는 생각이 들었다. 우리 집은 가난하니까 어떻게 해서든 장학금을 받아야 했다. 장학금을 받는 순위권 안에 들려고 열심히 공부했다. 이것이 내가 공부를 열심히 했던 진짜 이유다. 어느새 공부를 잘하는 학생이 되어 있었다. 이제 다시 뭘 하고 싶은지 스스로에게 물어야 할 때가 왔다.

내가 다닌 고등학교에서는 성적이 우수한 학생들을 뽑아 겨울에 한 달간 미국 어학연수를 보내 주는 프로그램을 운영했다. 내가 입학한 해부터 이 프로그램을 시작했다. 전교에서 네 명에게만 기회가 주어졌다. 내신 성적과 선발 시험을 거쳐 당당히 1등으로 어학연수를 갈 수 있게 되었다. 나는 사교육을 받지 않고 자랐기에 모의고사 영어 점수가 60점 대였다. 중학교 입학해서야 알파벳 대·소문자를 다 외웠으니 그럴 만도 했을 것이다. 어학연수를 몇 달 앞두고 영어 공부를 하기 시작했다. 학교에서 저녁 급식을 먹고 항상 집으로 달려갔다. 당시 학교에서 집까지 달려서 1분 정도로 매우 가까웠다. 그때 우리 가족은 주인집 2층에 세 들어 살고 있었다. 내 생애 가장 더럽고 좁고 초라한 집이었지만, 학교랑 가까워서 마음 놓고 달려가서 공부를 할 수 있었다.

친구들과 놀고 싶은 마음은 없었다. 얼른 달려가서 CD를 들으며 영어 발음을 연습하고 싶었다. 집으로 달려가는 발걸음은 늘 가벼웠는데, 매번 집까지 전력으로 질주했다. 머릿속으로는 미국에서 영어로 대화를 나누는 모습을 상상하면서 말이다. 한 챕터 연습이 끝나면 또 달려서 교실로 돌아왔다. 그렇게 한 달간을 뛰어다녔다.

미국이라는 새로운 세계를 경험한 후 내 꿈은 UN 국제기구에 들어

가는 것이었다. 꿈의 반경이 어마어마하게 넓어졌다. 넓은 곳을 보고 경험하는 일은 한순간에 사람을 바꾸어 놓았다. 미국을 다녀와서는 영어 공부를 더 열심히 했다.

수능 시험을 보았다. 예상한 것보다 점수가 더 잘 나왔다. 내가 좋아했던 외국어 영역은 만점을 받았고, 다른 과목 점수도 평소보다 높았다. 언어 영역 점수가 딱 실력만큼 나왔지만 후회는 없었다. 꿈을 따를 것인지, 가족과 주변에서 권하는 직업을 따를 것인지 고민이 시작되었다.

'외교통상가가 될까? 내가 과연 UN을 갈 수 있을까? 그냥 초등학교 선생님이 될까?'

도전보다는 안정적인 것이 좋았다. 불투명한 길보다는 훤히 앞이 보이는 길이 좋았다. 지금까지 가난했으니 남은 평생 그럭저럭 먹고살 만한 직업이 더 낫겠다 싶었다. 결정을 내렸다.

그렇게 광주교대 영어교육과에 입학했다. 그동안 묶여 있던 나의 몸과 정신이 대학 1학년 때부터 일탈을 시작했다. 고등학교 때와는 전혀 다른 삶이었다. 규율 없는 자유가 주어졌다. 규율도 스스로 정할 수 있었다. 네 삶이니 네가 알아서 살고 책임도 네가 져야 한다는 '성인의 삶' 앞에서 나는 머뭇거렸다. 그러다 어느 순간 주저 없이 뛰어들었다. 하고 싶은 것도 다 해 보고 실컷 놀자고 마음먹고는 대학 3년간 먹고 마시고 놀았다. 물론 습관처럼 시험 기간에는 도서관에 들어가 공부했다.

대학 4학년이 되었다. 이제 임용고시를 준비해야 할 때가 되었다. 다시 정신을 차리고 공부를 시작했다. 일반 대학에 다니는 친구들이 취업 준비를 하는 것처럼, 교대생도 4학년 1년만큼은 사활을 걸어야 한다. 시험에 낙방하면 1년을 다시 공부해야 하기 때문이다.

나는 3학년이 끝날 무렵부터 인터넷 강의를 들으며 조금씩 공부에 발을 들였다. 1년간 한 공부는 수험생일 때 한 공부와 별반 다를 것이 없었다. 거의 이해하고 외우는 것이었다. 교대생은 대부분 암기에 탁월하다. 암기 방법도 다양하고 창의적이다. 외워야 할 낱말의 앞 글자를 따서 이야기를 만들거나 노래를 만들거나 이미지를 연상해서 외우기도 한다. 암기 학습법의 달인들이다. 공부를 하다가 잠깐 쉬려고 로비에 모일 때면 자주 이런 이야기를 했다.

"선아야, 교육학에서 그거 있잖아. 그것도 외워야 할까? 그걸 다 어떻게 외워."

"아, 그거? 나 이렇게 외웠어. 창자가 괜찮은지 창자를 진단해 보아야 해. 그래서 '창자진단', 창은 창의력, 자는 자율성……."

임용고시를 준비하던 4학년 여름부터는 아침에 뜨는 해를 보고 도서관으로 출근해서 12시가 넘어서야 퇴근했다. 시험이 가까워질수록 귀가 시간은 늦어졌다. 한 문제 더 풀면 한 문제 더 맞는다는 생각으로 조금 더 버텼다.

그해 11월, 1차 임용고시를 치렀다. 결과가 좋지 않았다. 2차 시험과 3차 시험을 아주 잘 치러야 겨우 합격할 수 있었다. 그래도 남은 시험에서 만회할 수 있다는 희망을 갖고 공부를 계속했다. 사실 부담감도 컸다. 다행히 2차 논술 시험을 잘 보았다. 이때 글쓰기 능력이 어느 정도

작용하지 않았나 싶다. 2차 시험을 볼 때는 마지막 1분까지 시험지를 붙들고 있었다. 교정 부호로 마지막까지 더 생각나는 것을 끼워 넣었다. 어떻게든 높은 점수를 받아야 한다는 의지는 내 성적을 전체 TO의 1배수(합격선)까지 끌어올렸다. 희망과 더 가까워졌다. 3차는 면접이었다. 일반 면접, 수업 실연, 영어 수업 실연 등 세 분야로 나뉘어 있었다. 나는 목소리 톤과 외모가 출중하고(스스로 생각하기에) 영어교육과 출신이므로 면접에 유리했다. 3차 시험에서 100점 만점에 1점도 채 깎이지 않은 높은 점수를 받았다. 그렇게 나는 광주의 초등학교 교사가 되었다.

당연히 기뻤는데, 이유가 정말 많았다. '내가 목표했던 직업을 갖게 된다. 1년을 더 공부하지 않아도 된다. 내가 한 선택에 책임을 졌다. 우리 집안에서 처음으로 교사를 배출했다. 부모님께서 무척 자랑스러워하셨고, 주변에서 칭찬도 많이 들었다. 앞으로 먹고 사는 일은 걱정하지 않아도 된다. 직업 좋고 집안 좋은 남자도 만날 수 있을 것 같다. 어린 나이에 누구에게든 당당하게 말할 수 있는 직업을 갖게 된다. 이제 공부에서 해방된다. 다른 직장인에 비해 빨리 퇴근할 수 있다. 방학도 있다. 내 직업 생활은 행복할 것이다.'

교직 생활 7년 차가 된 지금 돌이켜보면 당시 이런 내 생각들이 참 우습다.

교사가 된 것으로 꿈을 이루었다면 얼마나 좋았을까. 조건만 보고 직업으로 교사를 선택한 사람들은 조건이 변할 때마다 흔들릴 것이다.

방학이 없어진다면? 성과에 따라 월급이 차등 지급된다면? 매년 자격고사나 성과를 보고해야 한다면? 같은 월급을 받고도 오후 8시까지 근무해야 한다면? 이 조건을 보고도 교사라는 직업을 선택할 사람이 얼마나 될까.

나도 교사의 꿈을 꾸기는 했다. 하지만 마음 설레는 일은 아니었다. 더 하고 싶었던 일이 있었지만 마지막 선택의 기로에서 내 목소리보다는 교사의 조건과 주변 사람들의 말을 더 따랐다. 사실 그 정도로도 충분하다고 생각했다. 어차피 꿈을 좇는 사람, 꿈을 이루는 사람은 드문 법이니까.

그렇게 나의 교직 생활은 시작되었다.

02
사교육 선생님이었던 공교육 교사?

임용고시에 합격한 후 약간의 대기 기간이 있었다. 3월 발령, 9월 발령, 수시로 한두 명씩 나는 중간 발령이 있는데, 나는 잘해야 9월 발령일 듯했다. 3월부터 9월까지 뭔가를 해야 했다. 부모님에게서 경제적인 독립도 하고 사회 경험도 미리 쌓아 놓으면 좋겠다는 생각이 들었다. 대부분 발령 대기 중인 교사는 교육청에서 모집하는 순회 기간제 교사나 학교 기간제 교사에 지원하여 교직 생활 경험을 미리 쌓는다. 경력은 실제 교직 경력에도 일부 산정되기 때문에 일석이조다. 나도 기간제 교사 공고를 기다렸지만 나오지 않았다.

그래서 학원 강사에 지원하기로 했다. 영어 유치원이 딸린 초등학생 대상 영어학원이 있어 그곳에 지원했다. 학원장은 교육대학 영어교육과 출신인 나를 좋게 보았는지 다음 주부터 당장 출근하라고 했다.

　그렇게 6개월을 사교육계 선생님으로 살았다. 막내인 나에게는 강사로서 할 일에 학원 잡일이 더해졌다. 하루에 8시간에서 10시간씩 일하고 받은 월급이 120만 원 남짓이었다. 학원에서 매일 바닥 쓸고 닦기, 창고 정리, 수업, 학부모 상담 전화, 부교재 만들기, 주말 영어캠프 인솔하기 등 온갖 일을 다 했다. 그중 2주에 한 번씩 내가 맡은 아이의 학부모에게 꼭 전화를 해야 하는 일이 있었는데, 왜 이 일을 해야 하는지 조금 의아했다. 아이가 학원에서 어떻게 공부하고 어떤 부분을 잘하고 어려워하는지, 때로는 아이와 있었던 시시콜콜한 이야기도 하며 모든 학부모와 통화를 했다. 학부모가 전화를 받지 않으면 수업이 없는 쉬는 시간에 다시 통화를 시도했다. 학원에서 정한 의무 사항이었다. 학부모는 보통 학원비를 결제하려고 학원을 방문하는데, 그렇게 하면 한 달에 세 번 정도는 어떤 식으로든 이야기를 나누는 셈이 된다. 공교육과는 확연히 다른 점이다. 학부모가 학원 선생님을 어려워하지 않는 이유는 잦은 대화와 만남, 소통 때문인 것 같다.

　사교육 현장은 치열했다. 함께 근무한 다른 강사들은 학습이 느린 아이를 여러 가지 방법과 학습 자료를 활용해 잘할 수 있도록 도왔다. 무료로 보강을 하거나 1:1 지도를 하기도 했다. 사실 학원 입장에서, 강사 입장에서 학생 한 명은 여러 모로 의미가 크다. 하지만 내가 만난 사교육 강사들은 아이들을 돈으로 생각하지 않았다. 그저 자신의 일에 충실했으며 열심히 아이들을 가르쳤다. 학원장은 아이들과 친밀하게 지내며 늘 새로운 활동을 고민하고 시도했다. 내가 가진 선입견이 깨지는 순간이었다.

공교육 교사와 사교육 선생님의 차이는 무엇일까? 교육 경력 7년 차 교사 입장에서 내 모습을 돌아보면 별 차이가 없는 것 같다. 학원에서도 나는 아이들의 선생님이었고, 지금도 마찬가지로 아이들의 선생님이다. 선생님이라는 본질은 변함이 없다. 약간의 차이라면 공교육에서는 더 딱딱한 교사가 되려고 애썼다는 것이다. 교사라는 권위적인 태도를 더 많이, 자주 앞세웠다. 공교육 교사로서의 삶은 더 단순하고 편했다. 무엇보다 퇴근 시간이 빨라졌다. 학부모에게 2주에 한 번씩 연락하지 않아도 됐다. 하교 후엔 교실이 나만의 넓은 공간이 되었다. 반면에 까다롭고 성가신 점도 생겼다. 학교에서는 학생이 많아진 만큼 업무가 더 늘었다. 공식적으로 작성하고 보관해야 할 서류도 많아졌다. 교사로서 가르치는 범위와 권한은 늘어났지만, 그만큼 책임도 함께 늘었다.

공교육과 사교육, 학교와 학원, 학교와 개인 과외. 아이들은 무엇을 더 선호할까? 아이들은 어느 곳에서 더 행복할까? 아이들은 어디서 더 즐겁게 배울까? 사교육을 경험하고 나니 전에 없던 고민거리가 생겼다.

03

정 선생은 신규 교사 6개월을 어떻게 보냈을까?

사교육 선생님이었던 나는 드디어 공교육 현장으로 들어갔다.

출근하기 몇 주 전부터 학교 갈 준비를 하느라 바빴다. 대학생 티를 벗고 교사처럼 보이는 준비를 하느라 말이다. 외모를 꾸미고 갖추는 일, 교사처럼 행동하는 매뉴얼을 숙지하는 일이 대부분이었다. 옷과 신발, 가방, 교사용 슬리퍼, 필기구 등을 사고 머리를 손질했다. 평소에는 전혀 입지 않는 H라인 스커트, 정장 바지, 블라우스도 샀다. 전에는 늘 청바지나 짧은 스커트를 입고 다녔는데 학교에서는 그렇게 입고 다니면 불량 선생님 취급을 받을 것만 같았다. 나는 학창 시절 착한 학생이었기 때문에 학교에서도 착한 교사가 되려고 노력했다. 이제 와서 돌이켜보면 마치 학생 같았다. 초등학교에서 대학까지 입학할 때마다 분주하게 준비하던 것처럼 학교라는 직장에 들어가려고 설레는 마음으로 이것저 것 준비를 하고 있었던 것이다. 학교를 벗어났으나 다시 학교로 되돌아 가는 삶, 학교와 평생 떨어질 수 없는 나의 삶을 운명으로 받아들이기도 했다.

나는 선생님처럼 행동하는 데 필요한 매뉴얼을 숙지하기도 했다. 매 뉴얼은 인터넷 검색 포털사이트에서 찾은 자료였다. 누군가가 자기 생 각을 써 놓은 것인데 그땐 나에게 규율처럼 느껴졌다. 다이어리에 한 문 장씩 정성껏 옮겨 적었다. 그리고 매뉴얼대로 행동했다. 지금 생각해 보 면 정말 웃기고 말도 안 되는 행동이지만 말이다. 여기 그때 옮겨 적은 매뉴얼을 소개한다.

신규 교사 매뉴얼

1. 발령이 난 학교에 처음으로 방문할 때는 음료수를 사 간다.
2. 교장 선생님과 교감 선생님을 처음으로 만나는 자리에서 가방은 바닥에 내려놓는다.
3. 학교에서 만나는 모든 사람에게 큰 소리로 인사한다.
4. 한 달간 출근길에는 교장실에 들러 교장 선생님께 인사를 한다.
5. 같은 학년 선생님들께는 퇴근할 때 교실 문을 열고 개별 인사를 한다.
6. 주말을 지내고 오면 꼭 학년 부장님께 아침 문안 인사를 한다.

2011년 9월 1일자로 발령이 났다. 당시 나와 함께 발령이 난 교사는 총 세 명이었다. 신규 교사 매뉴얼을 잘 실천한 결과, 그중에서 가장 인사를 잘 하는 교사로 소문이 났다. 교장 선생님이 교무 부장님에게 이렇게 말씀하셨다고 한다. "우리 학교 신규 교사인 정 선생님이 참 인사를 잘해요. 아침마다 교장실에 와서 인사를 하고 가요. 처음 보았네요."

'처음 보는 일이라니. 매뉴얼에는 그렇게 나와 있었는데……'

지금도 교장 선생님께 매일 인사를 드리고 교실로 들어가는 일은 정말 이례적이고 혁신적이다. 그런데 내가 그런 일을 했다.

참하고 순진했던 나는 연세가 많은 선생님들께 숱한 러브콜을 받기도 했다. 다들 나를 며느리 삼고 싶어 하셨다. 부족한 점이 많은 나를 참 많이 예뻐하고 보듬어 주셨다. 첫 발령지는 따뜻했다. 어디서든 도움의 손길을 주었고, 누구든 날 보면 환하게 웃어 주었다.

한번은 인사 잘 하는 나를 칭찬하던 교장 선생님을 실망시킨 일이 있었다. 첫 방학을 보낸 후 학교에서 있었던 일이다. 방학은 교사에게 휴일이 아니라 공식적인 연수 기간이다. 연수 기간을 어떻게 보낼지 계획을 세우고 보고한 후에 집이나 연수 장소에서 시간을 보낸다. 개학한 후에는 방학 동안 연수한 결과나 보고서를 제출해야 한다. 독서 연수 계획을 세운 나는 독서 감상문을 제출해야 했다. 평소 책을 읽지 않았기 때문에 혼자 사는 원룸에는 책이 한 권도 없었다. 친구에게 도움을 요청했다. 대학 때 작성한 리포트가 남아 있다는 반가운 소식을 듣고 여러 편 중에 한 편을 골라 학교에 제출했다.

교직원 모임이 있는 날이었다. 교장 선생님께서 갑자기 내 이야기를 꺼내셨다.

"선생님들이 제출한 연수 결과물을 보고 정말 큰 감동을 받았습니다. 그중에서 정선아 선생님의 글을 읽고 깜짝 놀랐습니다. 어떻게 저 나이에 교육에 대한 깊은 생각을 할 수 있는지 정말 대단합니다. 선생님들께서도 한번 읽어 보십시오."

쥐구멍이 있으면 들어가고 싶었다. 가슴이 쿵쾅거렸다. 고개를 들까 말까 고민하다 슬쩍 고개를 들어 멋쩍은 미소를 지었다. 그날따라 선생님들의 눈길이 너무 부담스러웠다.

며칠 후, 교장 선생님께서 한 가지 일을 맡기셨다. 학교에서 발행하는 책자의 오탈자와 문맥을 한 번 점검해 달라고 하셨다. 나를 아주 많이 오해하셨다. 독서 감상문의 저자로 생각하시고 일을 맡긴 것이다. 나는 두꺼운 종이 뭉치를 받아 들고 교장실을 잽싸게 빠져나왔다. 집에 가서 한두 번 죽 훑어보며 검토했다. 나름 최선을 다했지만 내가 아는 만큼만 보였기에 고칠 부분이 여전히 많았다.

그렇게 완성된 책을 모든 선생님이 받아 보았는데, 같은 학년 부장 선생님은 오탈자가 너무 많다며 검토도 안 하고 책을 만들면 되겠냐고 한 말씀 하셨다.

'제가 했습니다.' 차마 이 말은 하지 못했다. 그렇게 착하고 순진했던 내가 그 순간만큼은 뻔뻔해졌다. 이때 창피함을 겪은 후로 이상한 습관이 하나 생겼다. 오탈자와 문서 형식에 굉장히 깐깐한 사람이 된 것이다. 책이나 공문서에서 오탈자를 잘 찾아낸다. 내 것은 놓치더라도 남의 것은 잘 찾아낸다. 당시 제대로 하지 못했던 기억이 강박으로 남았는지도 모르겠다.

　누군가에게 처음으로 일을 맡긴다는 것은 큰 의미가 있다. 그 사람의 능력을 확인하는 기회로 삼는 것이다. 교장 선생님도 나에게 처음으로 일을 맡길 때 그런 생각을 하셨을 것이다. 그 일 이후로 교장 선생님께서는 더 이상 나를 부르지 않으셨다. 대신 신규 교사라면 당연히 해야 하는 어려운 일, 누구나 하기 싫은 일, 몸으로 뛰어다녀야 하는 일이 맡겨졌다. 누구에게나 기회가 오지만 그 기회를 누구나 잡을 수 있는 것은 아니다. 준비된 사람은 기회가 왔다는 것을 알아차리고 최선을 다해 기회를 잡지만, 준비되지 않은 사람은 기회가 기회인지조차 모른다. 실수에서 얻은 깨달음이다. 이렇게 어리바리한 사회 초년생, 정 선생은 세상을 조금씩 알아가기 시작했다.

04
교사의 눈으로 바라본 교실 속 아이들

2011년 9월 1일자로 초등학교에 발령이 났다. 1학기 말에 정년퇴임을 하신 선생님의 자리로 들어가게 되었다. 스물네 살 가을, 나는 3학년 아이들의 담임 선생님이 되었다. 아이들 입장에서는 중간에 선생님이 바뀐 것이다.

아이들과 처음 만나던 날이 기억난다. 당시 아이들의 눈망울이 반짝반짝 빛났다. 아이들과 나 사이에는 무거운 공기가 자리 잡고 있었다. 소개팅 상대를 처음 보았을 때 느낌이랄까? 아이들은 나에게 잘 보이려고 노력했다. 자기가 가진 가장 멋진 모습을 보여 주려고 애썼다. 나도 그랬다. 아이들에게 잘하고 싶었다. 좋은 선생님이 되고 싶었다.

아이들은 이미 여러 명의 선생님을 만났겠지만 나는 내 반 아이들이 처음이었다. 대학 때 2주, 한 달간 초등학교에 실습을 나간 적이 있지만 그것은 말 그대로 실습이었고 이번에는 실전이었다. 아이들도, 내 교직 생활도 궁금하고 기대되었다. 어떤 경험을 처음 할 때는 매 순간이 궁금하고 설렌다.

'다음에는 어떤 일을 할까? 이것을 하면 어떤 기분이 들까?'

내게는 소풍을 가는 일, 운동회를 하는 일, 공개수업을 하는 일 등 아이들과 함께하는 모든 순간이 처음이었기 때문에 항상 미리 기대하고 상상했다. 처음이라는 새로움은 두렵기도 했지만 교직 생활에 생기를 불어넣어 주기도 했다. 나와 아이들은 아직 피지 않은, 피어날 날을 한껏 기대하는 꽃봉오리였다.

아이들과 함께한 시간이 한 달 정도 되었을 때였다. 수업 중 문득 떠오른 생각에 가슴이 철렁했다. '이 아이들과 헤어지면 어쩌지?'

몇 달 후에 헤어져야 한다고 생각하니 눈물이 날 것 같았다. 이미 눈에 눈물이 고여 있었다. 이 감정이 어떤 감정인지 알았다. 남자 친구와 헤어질 때 드는 감정이었고, 내가 열광하는 드라마가 끝날까 봐 몇 번씩이나 남은 시간을 확인하며 마음 졸일 때 느끼던 감정이었다. 나는 아이들을 엄청 좋아하고 있었다. 아이들을 사랑하고 있었다. 아이들과의 첫사랑이었다. 교사의 삶은 생각보다 흥미진진했다. 반짝이는 눈동자들과 함께하는 순간은 내가 행복해지고 정화되는 순간이었다.

뇌 속에는 거울 뉴런이 있다고 한다. 거울 뉴런은 다른 사람의 행동을 거울처럼 반영하는 신경세포다. 옆 사람이 하품을 하면 따라 하는 것이나 영화 속 주인공을 따라 같이 울거나 슬퍼하는 것도 거울 뉴런의 작용 때문에 생기는 현상이다.

나에게도 거울 뉴런이 작용했다. 아이들이 해맑게 웃으면 어느새 나도 해맑게 웃고 있었고, 아이들이 작은 일에 신나서 소리를 지르며 방방 뛰면 나도 똑같이 행동하고 있었다. 거울 뉴런의 작용은 퇴근 후에도 이어졌다. 집에 있다가 문득 아이의 표정이 떠올라 피식 웃었고, 밥을 먹다가도 아이가 했던 말이 생각나 혼잣말을 하곤 했다.

'아, 진짜. 왜 이렇게 귀엽지?'

'어떻게 그 상황에서 그런 말을 할 수 있지? 너무 예쁘잖아!'

혼자 키득키득 웃었다. 아이들과 하는 생활이 꽤 즐거웠다. 아이들 덕분에 말이다. 기대하지 않은 벅찬 감정을 느꼈다.

내가 처음 맡은 아이들 중에 철이라는 아이가 있었다. 주의력결핍과 잉행동장애(ADHD)가 있어 2학년 말부터 약을 복용하며 상담을 받고 있는 남자아이였다. 귀여운 외모와 행동, 말투 때문에 아이에게 관심이 갔다. 반 아이들은 철이의 행동을 자주 고자질했다.

"선생님, 철이가 교실 문에 서서 못 나가게 해요."

"철이가 소리 지르면서 돌아다녀요."

"선생님, 철이가 놀고 있는데 와서 장난감을 망가뜨렸어요."

그래서 철이를 불러서 물어보았다.

"철아, 친구들이 네가 소리를 내고 다녀서 불편하다는데 무슨 소리였어?"

"저, 그냥 모기 흉내를 낸 건데요. 에엥~ 에엥~ 이렇게 했는데요."

"아, 그랬구나. 그럼 친구들 불편하지 않게 해 줄래?"

몇 시간 후에 또 철이를 불렀다.

"철아, 교실 뒷문에 서서 뭐하고 있었던 거야?"

"아, 교실 문 통과하려면 저한테 통행료를 내야 해요. 제가 톨게이트인데요."

피식 웃음이 나왔다. 그냥 엉뚱하고 기발한 생각일 뿐인데 친구들은 다르다는 이유로 철이를 이상한 아이 취급했다. 나는 철이 편이 되어 주었다. 적어도 나는 철이를 이상하다고 생각하지 않았다. 내 눈에는 특별한 생각과 행동을 하는 보통 아이일 뿐이었다.

어느 날 철이가 아침부터 축 처져서는 엎드려 있었다. 약을 복용하면 그럴 수도 있다고 들었지만, 그래서 그런지 아니면 몸이 아파서 그런지 잘 몰라서 자꾸 눈길이 갔다. 그때는 아이들의 특성을 잘 몰랐고, 이런 아이들의 특성을 아는 것은 교사의 영역이 아니라고 생각했다. 나는 그저 아이의 손을 잡아 주고 아이가 하는 말에 귀기울여 주면 되는 줄 알았다.

돌이켜보면 신규 교사 때 이 아이를 만나서 참 다행이다. 교사로서 가르치고 바로잡는 데 더 힘을 썼다면 철이는 늘 나와 다투었을 것이다. 철이처럼 정서적인 문제가 있는 아이는 아이의 특성을 잘 파악하고 이해하는 데 힘을 쏟아야 한다. 아이가 눈에 보이지 않고, 교사의 기준과 학급의 규칙이 앞설 때 아이 상태는 더 악화된다. 신규 시절에는 정서적인 문제가 있는 아이에 대한 정보가 거의 없었다. 그래서 아이를 자세히 관찰하고 다독여 주고 자주 이야기하려고 노력했다. 그래서 철이에게 가장 필요한 관심과 사랑을 줄 수 있었다.

하루는 아이들 일기장을 읽다가 깜짝 놀랐다. 철이가 일기장에 이렇게 쓴 것이다.

'죽고 싶다. 죽고 싶다. 옥상에 올라가서 뛰어내리고 싶다.'

눈물이 났다. 열 살짜리 아이가 이런 생각을 했다는 것 자체가 믿어지지 않았다. 하교 후 철이를 남게 했다.

"철아, 요즘 힘든 일 있니? 혹시 선생님에게 알려 줄 수 있을까?"

"아뇨, 없는데요."

아이의 말투는 항상 장난스러웠다. 자신이 진 삶의 무게를 애써 가볍게 보이려는 듯이 말이다.

그래서 더 가슴이 아팠다. 철이는 태어날 때부터 엄마 손에서 크고 있었다. 아빠의 존재 자체를 모른다고 했다. 예전에 어머니와 상담 전화를 한 적이 있는데, 어머니 또한 자신의 삶 속에서 분투하느라 목소리가 많이 지쳐 있었다. 철이에 대한 요구와 기대를 이야기하는 것은 무리였다.

나는 그냥 아이 손을 꽉 잡아 주었다.

"철아, 너는 소중해. 선생님은 철이를 정말 좋아해. 네가 없으면 안 돼."

아이의 눈을 보고 몇 번이고 반복해서 말해 주었다. 아이의 눈동자가 흔들렸다. 그 이후로 다시는 일기장에 그런 말을 적지 않았다.

정서적인 문제가 있는 아이와 1년을 같이 생활한다는 것은 사실 정말 힘든 일이다. 교사도, 같은 반 아이들도 자주 정서적으로 소진된다. 그런데 철이와 함께한 반년은 전혀 그렇지 않았다. 내가 철이를 좋아했고 철이도 나를 좋아했다. 그래서 우리는 함께 지내는 것이 편안했다.

그렇게 철이는 4학년이 되었다. 4학년 담임 선생님께 철이가 한 말을 전해 들었다.

"선생님, 우리 학교에서 제일 예쁜 선생님이 누군 줄 아세요? 정선아 선생님이에요."

우연히 복도에서 마주칠 때면 철이는 늘 이렇게 말했다.

"어, 예쁜 선생님이다. 정선아 선생님, 안녕하세요?"

내 얼굴이 예쁘다는 것은 나도 안다. 철이는 늘 자기편에 서 준 내가 예뻤던 것이다.

철이는 가끔 내 반에 찾아와서 인사를 하고 간다. 철이가 잘 지내고 있는 것 같아 다행이었다.

한번 마음에 품은 아이는 쉽게 잊지 못한다. 몇 년이 지나도 마음을 쏟았던 아이와 있었던 일은 선명하게 기억난다. 이렇게 교사는 마음속에 아이들을 한 명씩 품게 되나 보다. 내가 낳은 자식도 아닌데 내 자식처럼 애틋하고 가슴이 뭉클하다. 교사의 삶이 이렇다면, 어쩌면 가치 있는 삶이 아닐까 싶었다.

05
신규 교사, 학부모와 첫 만남을 갖다

2학기 학교교육과정 설명회가 열렸다. 학교에서 아이들의 부모님을 처음으로 만났다. 초등학교에서는 1년에 한두 번 학교교육과정 설명회를 개최한다. 이날에는 학교의 전반적인 운영과 행사 안내, 학교 교육의 비전 안내, 학부모 연수 및 교육 등을 한다. 학부모는 담임 선생님을 만난다는 것에 더 큰 의미를 둔다.

2학기에 담임 선생님이 바뀌었다. 바뀐 선생님은 신규 교사라고 한다. 이 사실만으로도 학부모는 내가 매우 궁금했을 것이다. 나는 교실에서 미리 자리 배치를 모둠 대형으로 바꾸어 놓고 자기소개를 연습하며 기다렸다. 잠시 후 여덟 명의 학부모가 교실로 들어오셨다. 깍듯이 인사를 하고 자리로 안내한 후 내 소개를 했다.

"안녕하십니까? 교대 영어교육과를 졸업하고 9월 1일자로 발령받아 3학년 2반을 맡게 된 교사 정선아라고 합니다. 잘 부탁드립니다."

신입 교사의 패기 있는 인사에 박수가 쏟아졌다. 이어서 오신 학부모들이 어느 아이의 학부모인지를 확인하고 소개하는 시간을 가졌다. 당시 나는 안절부절못했다. 이야기를 할 때 손은 어디다 둬야 하고, 어떤 분과 눈을 맞추어야 하며, 어느 지점에서 웃어야 할지 머릿속이 복잡했다.

먼저 반 아이들 이야기로 말문을 열었다.

"교사가 되어 처음 만나는 아이들이 어떨지 궁금하고 기대가 되었습니다. 아이들이 정말 착하고 예뻐요. 아마 부모님께서 그렇게 키워 주셔서 더 그런 것 같습니다. 학부모님을 만나 뵙게 되어 정말 반갑습니다."

책에서 찾은 학부모 상담 대화 매뉴얼을 미리 외워 두었다. 일종의 대본이었다.

"저는 아이들을 진심으로 대하고 아이들이 성장할 수 있도록 돕는 교사가 되고 싶습니다. 매너리즘에 빠지지 않고 제 자신이 먼저 발전하고 공부하는 사람이 되어 아이들에게 좋은 영향을 주고 싶습니다."

다음으로 임용고시 3차 면접에서 했던 말을 그대로 했다. 학부모 앞에서 면접 보듯이 또박또박 자신 있게 말했다. 얼마나 달달 외웠으면 반년이 지나도 입에서 술술 나왔다. 여기까지는 준비한 대로 그럭저럭 잘 해냈다. 이제 학부모에게 학급을 어떻게 운영할지 간단히 설명하고 마무리만 지으면 되었다.

"학부모님, 혹시 학급 경영에 바라는 점이 있으신가요?"

민주적으로 학급을 경영하려면 학부모 의견도 듣고 적절히 수용할 수 있는 교사가 되어야 한다는 글을 어디서 읽었던 것인지, 아니면 스스로 생각해 낸 것인지 잘 모르겠다. 어쨌든 꽤 위험한 질문을 던졌다. 무난했던 학부모와 만남은 여기서부터 꼬이기 시작했다.

한 학부모께서 이야기를 시작했는데, 그것을 받아 적기 시작했다.

"선생님, 글씨를 바르게 쓸 수 있도록 지도해 주세요. 1학기 때 선생님은 글씨 쓰기 지도를 열심히 하셨는데 2학기 들어서는 조금 흐트러진 것 같아요."

"아, 그런가요? 알겠습니다."

학부모 앞에서 실천을 다짐하듯 메모지에 '글씨 바르게 쓰기 지도'라고 한 글자씩 꾹꾹 눌러 적었다. 바로 다음 분이 말씀을 이어 나갔다.

"책 읽기를 많이 했으면 좋겠는데요. 독서 기록표 같은 것을 해 보면 어때요?"

"아, 좋은 생각이세요. 네, 알겠습니다."

이번에도 끄적거렸다. '독서 기록표, 독서 지도'

다른 분이 이야기하는 동안 새로운 아이디어가 떠올랐는지 학부모 건의 사항이 줄기차게 이어졌다.

"일기 쓰기는 안 하나요?"

"일기 쓰기요? 아직 생각해 보지 않았는데요. 한번 고민해 보겠습니다."

'일기 쓰기 할지 말지 결정' 목록에 하나 더 추가되었다.

그렇게 목록을 채워 나가다 보니 어느덧 열 개가 넘었다. 열심히 받아 적는 내가 안타까워 보였는지 옆에 앉아 있던 한 학부모는 내 어깨에 살며시 손을 얹으면 이렇게 말했다.

"아유 선생님, 그렇게까지 안 하셔도 돼요. 저희는 그냥 생각나는 대로 말씀드리는 거예요."

누가 봐도 신규인데, 가만히 있어도 신규인데, 신규 교사라 모르는 것이 많다는 것을 아주 공식적으로 선언한 순간이었다.

학부모와 만남이 끝나고 동료 교사에게 이 이야기를 했더니 더 안쓰러워하며 이렇게 말했다.

"왜 그랬어? 그러면 안 되는데. 교사를 우습게 본다 그럼."

"아, 정말요? 어떡해요." 울상을 짓는 내 모습에 다들 어이가 없었는지 웃음을 터트렸다.

돌이켜보면 학급 경영에 학부모 의견을 물었던 일은 잘한 행동이다. 그리고 용기 있는 행동이다. 사실 교사는 자신의 학급 경영과 스타일에 학부모 건의를 받는 것을 반기지 않는다. 학부모가 건의한 사항이 아무리 교육적이고 의미가 있다 하더라도 그 방법을 직접 실천하는 교사의 철학과 맞지 않으면 지속하기 어렵고, 활동의 가치가 온전히 아이들에게 전달되지 않기 때문이다.

일기 쓰기 문제도 마찬가지다. 교사마다 학부모마다 일기 쓰기의 필요성에 대한 생각이 다르다. 교사는 일기 쓰기의 가치를 중요하게 생각하지 않는데, 학부모의 요구로 일기 쓰기를 시작한다고 하자. 교사는 시작한 일에 책임감을 갖고 지도는 하겠지만 일기 쓰기의 가치를 아이들이 충분히 느끼게는 할 수 없다. 교사 자신이 가치와 의미를 확신하지 못하는 일은 아이들도 중요하게 생각하지 않는다. 말하지 않아도 아이들은 교사의 존재를 온몸으로 느끼기 때문이다. 아이들은 그렇게 교사의 생각과 태도를 학습하고, 교사의 삶을 배운다. 이때는 일기 쓰기의 가치를 아는 부모가 가정에서 따로 아이를 지도하는 편이 낫다.

나도 다음과 같은 이유로 학부모 의견을 적극적으로 반영한 학급 경영을 하지 못하고 있다.

첫째, 나만의 학급 경영 계획이 완성되지 않았기 때문이다. 시행착오를 거치며 찾아가는 중이다. 내가 확고하지 않은 상태에서 다른 사람의 의견을 듣고 수용한다는 것은 불가능하다. 둘째, 학부모의 객관적인 비판을 비난으로 받아들일까 봐 두렵기 때문이다. 내가 상처받을까 봐, 내 권위가 무너질까 봐 걱정이 되는 것이다. 학부모에게도 두려움은 있다. 학부모 또한 교사에게 어떤 일을 건의하지 않는다. 내 아이가 행여 밉보일까 봐 말이다. 학부모끼리 모였을 때는 여러 가지 솔직한 생각을 주고받더라도 교사에게 직접 의견을 전달하는 학부모는 많아야 한두 명이다. 그것도 아주 조심스럽게 전달한다.

교사와 학부모는 서로의 영역에 일정한 선을 긋고 있다. 서로를 존중하는 의미의 경계선이기는 하지만 선 때문에 생기는 부작용도 분명히 있다. 교사는 다양한 관점과 생각을 듣지 못하기 때문에 스스로를 객관적으로 돌아볼 수 있는 기회를 놓치고, 교사와 학부모는 서로의 교육관을 정확히 이해하지 못해 오해가 생기기도 한다. 그 결과 교사를 향한 학부모의 볼멘소리를 뒤늦게 들을 때도 있다. 물론 학부모 이야기도 교사들 사이에서 오르내리기도 한다.

마음 편히 아이의 학교생활에 의견을 주고받으며 더 나은 해결책을 함께 생각해 볼 기회가 있지만, 교육의 중요한 두 주체는 이 기회 자체를 불편해 한다. 교사는 자존심에 상처를 받을까 봐, 학부모는 내 아이가 불이익을 당할까 봐 진심을 드러내지 않는다. 누가 먼저, 그리고 어떻게 변해야 할까? 아이를 둘러싼 두 주체가 용기를 낸다면 더 좋은 교육이 가능하지 않을까? 학부모와 교사의 만남은 꽤 복잡하고 생각보다 어려웠다.

06
'교사'라는 이름이 훅 다가왔다

『미국인의 사고와 관습』에서 로버트 벨라는 개인이 일과 관계를 맺는 방식을 직업, 경력, 소명으로 구분했다. 첫째, 자신의 일을 직업으로 보는 사람은 일을 통한 물질적 보상에만 관심을 가지며, 성취감과 같은 다른 보상에는 관심을 갖지 않는다. 둘째, 자신의 일을 경력으로 보는 사람은 일에 개인적인 투자를 많이 하며 조직 내에서 승진을 중요시한다. 일을 경력으로 인식하는 사람에게 일의 목적은 직장 내에서 수입, 사회적 지위, 권력, 명성을 최대화하는 것이다. 셋째, 자신의 일을 소명으로 인식하는 사람은 일을 자신의 삶과 구별할 수 없는 것으로 생각한다. 소명을 지닌 사람에게 일의 목적은 금전적 보상이나 승진이 아니라 일을 통해 깊은 성취감을 얻는 것이다.

로버트 벨라의 이 구분을 교직 사회와 교사, 나에게 비추어 본다. 대다수의 교사는 교사라는 일을 단순 돈벌이의 수단, 직업으로만 생각하지 않는다. 그렇다고 경력으로도 보지 않는다. 승진을 위해 점수를 쌓는 사람들도 소수다. 그럼 소명으로 생각하며 살까? 그것도 아닌 것 같다.

내 생각에 대부분의 교사는 직업, 경력, 소명의 사이를 왔다 갔다 하면서 지내는 것 같다. 먼저 교사를 직업으로 여긴다고 한 이유는 특별한 사람이 아니고는 물질적인 보상 없이 자신의 일을 지속해 나가기가 어렵기 때문이다. 교사도 그렇다. 교사를 포함한 많은 사람에게 직업은 생계를 유지하는 수단이다.

교사에게 경력은 어떤 의미일까? 교사는 경력에 따라 호봉이 결정된다. 로버트 벨라가 구분한 경력과는 다른 의미다. 교사의 경력은 개인의 노력이나 투자로 얻는 것이 아니라 시간이 주는 승급이다. 1년마다 1년의 경력이 인정되고 1호봉이 올라간다. 자신의 일에 투자하지 않아도, 아주 열심히 투자해도 두 사람에게는 같은 경력의 가치가 인정된다. 이는 국가 공무원으로서 갖는 공식적인 경력이며, 누구에게나 적용되는 보편적인 경력이다. 정년퇴임이 가까운 교사와 신규 교사는 월급에서 3배 정도 차이가 나기도 한다. 시간이 흐르면 월급이 서서히 늘어나는 직업, 노력하든 노력하지 않든 자리를 지키고 있으면 경력의 가치를 인정해 주는 직업, 사람들이 편하게 돈을 버는 직업이라고 하는 이유도 이것 때문이 아닐까?

그렇다고 교사 집단을 이런 관점에서만 바라보는 것은 금물이다. 교사는 세상에서 가장 때가 묻지 않은 존재를 매일 만나 가르치는 일을 한다. 아이들과 함께하는 순간만큼은 아이들에게 깊이 빠진다. 호봉이나 월급은 월급날(17일)이 가까워질 때나 생각하는 것일 뿐이다. 나머지 수많은 날은 아이들과 함께 호흡하고 부대끼며 돌보느라 바쁘다. 교직에 발을 들인 이상, 교사라는 직업에 소명을 느낄 수밖에 없다. 아이들이라는 존재 때문에 말이다.

이렇게 교사는 다른 직종에 비해 직업, 경력, 소명의 관점을 명확히 구분할 수 없다고 생각한다. 다만, 어떤 관점에 더 큰 의미를 둘지는 개인이 선택할 수 있다. 여기서 차이가 생긴다.

교직 경력 7년 차, 나는 지금 어떤 관점에 더 가치를 두고 있을까? 비슷한 경력에 일반 회사에 다니는 친구들의 연봉이 더 많으므로, 물질적인 보상에 만족해서 이 일을 하는 것은 아닌 듯하다. 그럼 나의 성취와 명예를 위해서일까? 아이들에게서 깊은 성취감을 느끼기 때문일까? 깊은 성취감, 기쁨 쪽에 더 가까운 것 같다.

아이들을 지긋이 바라보고 있으면 마음이 따뜻하고 편하다. 아이들과 함께 웃을 때는 나도 행복하다. 나에게 아이들이 종알종알 있었던 일을 이야기하는 것도 좋고, 내 이야기를 잘 듣는 것도 좋다. 아이들과 무엇인가를 함께 계획하고 실천하는 것도 좋고, 아이들이 조금이라도 변화하고 성장하는 모습을 보면 정말 감격스럽다. 이런 나를 보면 교사를 계속하는 이유는 '아이들' 때문인 것 같다. 신규 교사 때 나는 '교사'라는 이름이 참 마음에 들었다.

"어떤 일을 하시나요?"

"저요? 가르치는 일을 하고 있어요."

"학원 선생님이세요?"

"아니요. 초등학교에서 근무하고 있어요."

"정말요? 와! 대단하시네요."

사람들은 교사라는 내 직업에 경외감을 가진 듯 보였다. 어린 나이에 초등학교 교사인데 거기다 얼굴까지 예쁘네 하는 이야기를 들을 때마다 왠지 모를 우쭐함과 오만함이 늘 함께했던 듯하다.

교사라는 직함은 나를 빛나게 했고, 어디서든 나를 돋보이게 만들었다. 내 진짜 삶이 어떻든 간에 나는 그냥 '교사'라는 이름만으로도 충분히 높은 가치로 평가받고 있었다.

부모님도 '교사'라는 이름을 자랑스러워하셨다. 교사에게 직업병이 있다면 여교사를 자녀로 둔 부모에게도 이상한 병이 하나 있다. 어딜 가든, 누가 묻지 않아도, 어떤 상황에서든 꿋꿋이 내 자식이 초등학교 교사라고 말하는 것이다. 나는 엄마가 대화 문맥에 맞지 않게 대화를 이어가는 모습을 여러 번 보았다. 한번은 지나가는 동네 아주머니께 엄마가 먼저 인사를 건넸다.

"안녕하세요? 어머, 어디 가세요?"

"어, 목욕탕 가는 길이에요."

갑자기 옆에 서 있는 나를 가리켰다. 그러더니 "아, 우리 딸이 내려

와서."라며 호호호 하고 웃었다.

나는 어색하게 웃으며 인사를 했다.

"우리 딸이 초등학교 선생님이에요. 광주에서, 호호호."라며 엄마가 바로 말을 이었다. 바로 이 말을 하려고 지나가는 아주머니를 멈추어 세운 것이다.

"엄마, 그 말 좀 그만해. 왜 맨날 그 말을 하고 다녀?"

"왜 자랑 좀 하면 안 되니? 우리 딸이 초등학교 선생님인데."

엄마는 어딜 가든 나를 자랑하고 싶다고 말했다. 자랑할 만한 삶이 아닌데 말이다.

남편도, 시댁도 교사인 아내와 며느리를 드러내고 싶어 했다. 나중에 아이도 교사인 엄마를 당당하게 소개하고 싶어 할지도 모른다. 사회적인 통념, 암묵적인 합의가 교사라는 이름을 허공 위에 띄워 놓았다. 딱히 이룬 것이 없는데 나라는 존재는 항상 과장되고 부풀려져 있다.

여기서 한 가지 가장 중요한 점을 간과했다. 그렇다면 다른 사람의 시선과 평가를 떠나서 나는 나를 어떻게 생각하고 있을까? 나는 내 일을 자랑스러워할까? 자랑할 만한 삶을 살고 있을까? 남들이 나를 어떻게 판단하는지는 중요하지 않다. 자신에게 부끄럽지 않은 삶을 살고 있는지 돌아보아야 한다. 나와 함께 생활하는 아이들에게 나는 어떤 존재인지 생각해 보아야 한다. 남들은 아무 생각 없이 내 껍데기의 화려함만 보고 있을 때 내 알맹이는 얼마나 차 있는지 자신의 눈으로 확인해야 한다.

지금은 다른 사람 앞에서 초등학교 교사라는 말이 선뜻 나오지 않는다. 교사라는 이름에 담긴 묵직함과 자기 검열이 작용한 결과가 아닌가 싶다.

교사라는 직업은 많은 사람이 선호하는 직업군이다. 세상 사람들이 그렇게 규정지어 놓았고, 많은 학생이 그럴 것이라고 믿고 교사가 되기를 꿈꾼다. 자신이 정말 하고 싶은 일인지는 깊이 고민하지 않는다. 나도 그랬다. 그런데 교사라는 직업은 절대 녹록하지 않다. 상처받은 아이들, 정서적인 문제를 가진 아이들이 늘어나고 있는 요즘은 특히 그렇다. 몸이 아픈 아이를 키우는 부모의 삶이 쉽지 않듯이, 마음이 아픈 아이를 돌보는 교사의 삶도 어렵다는 것을 알아야 한다.

교사라는 이름과 조건이 마음에 들어 교사가 되려고 한다면 다시 한 번 생각해 보라 하고 싶다. 교사는 아이들에게 정말 중요한 존재이기 때문이다.

07

교사의 이중생활
: 학교에서는 교사, 퇴근 후에는 나

출근 시간 8시 30분, 퇴근 시간은 4시 30분. 초등학교 교사의 하루는 이렇게 흐른다. 학교에 머무르는 시간은 대략 8시간 정도다. 퇴근 무렵 여전히 밖은 밝다. 해가 긴 여름이면 꼭 대낮에 퇴근하는 것 같다. 다른 직장인은 밤하늘의 별을 보면서 고된 몸을 쉬려고 바쁘게 집으로 향하지만, 초등학교 교사는 퇴근 후에도 어느 정도 여유가 있다.

배에 짐을 싣고 내리는 일을 하는 지인이 있다. 새벽 3~4시쯤 출근해서 오전 8~10시 사이에 퇴근한다고 한다. 남들 출근할 시간에 퇴근을 하는 것이다. 아침 식사를 하고 잠깐 눈을 붙이고 나면 오후의 삶이 고스란히 남는다. 시간이 많은 이 직종의 사람들은 주로 술과 도박에 빠진다고 한다. 그중 몇 명은 도박으로 번 돈을 모두 탕진하기도 했다고 한다. 너무 바빠서 시간이 없는 것도 문제이지만 시간이 남는 것도 문제다. 시간을 어떻게 써야 할지 모르는 사람이라면 더욱 그렇다. 남 이야기 같지 않았다. 신규 교사 시절, 내가 그랬다. 수업이 끝난 후 오후 시간을 어떻게 써야 할지 몰랐다. 가정이 있고, 아이가 있었다면 늘 해야 할 일들로 넘쳐났겠지만 미혼의 여교사에게 주어지는 퇴근 후 시간은 온전한 내 시간이었다.

퇴근 전에도 오후 시간은 여유로웠다. 오후 2시 무렵, 아이들을 보내고 나면 4시 30분까지 여유가 생긴다. 수업 준비를 어떻게 해야 할지 잘 몰랐지만 나름 열심히 준비를 했고, 하고 나서도 시간이 남았다. 무얼 하면서 시간을 보낼지 늘 고민이었다. 인터넷으로 원격연수를 듣기도 하고, 같은 학년 선생님들과 수다를 떨기도 했다. 가끔은 인터넷으로 쇼핑을 하기도 했고, 좋아하는 음악을 들으며 책을 읽기도 했다.

당시 나는 퇴근 후에 주로 친구들을 만났다. 함께 신규 교사 시절을 겪고 있는 친구들과 할 이야기가 많았고, 이야기를 나누면 속이 시원했다. 그런데 약속이 없는 날 집에 혼자 있으면 무척 무료하고 공허했다. 혼자서 나와 대면해야 하는 시간은 참 어려웠다.

그래서 퇴근 후 뭔가를 하거나 배우기로 결심하고 운동을 시작했다. 운동도 고작해야 1~2시간이면 끝나기에 운동으로 저녁 시간을 통째로 보내기란 불가능했다. 1시간만 해도 몸에서 그만하라는 신호를 보냈다. 헬스클럽에 등록을 하고도 가지 않은 날이 더 많아지기 시작했다. 이번에는 악기를 배워 보기로 했다. 예전부터 드럼을 배우고 싶었다. 그래서 지나다니며 눈여겨본 학원을 방문했다. 원장님은 자유로운 영혼의 뮤지션으로 헤어스타일부터 자유분방했다. 이 학원에 다니면 왠지 재미있는 사람들을 많이 사귈 수 있을 것 같다는 생각이 들었다. 바로 학원에 등록하고 일주일에 한 번씩 레슨을 받기로 했다. 새로운 것을 배우는 일은 늘 설렌다. 그 설렘이 빨리 식어서 문제이지만 말이다. 매일 연습을 할 수 있었기에 퇴근을 하면 바로 음악학원으로 향했다. 그런데 2개월쯤 되었을까? 드럼을 배워서 딱히 써먹을 데가 없으니 배우고 싶은 의욕이 사라졌다. 아이들 마음을 조금 이해할 수 있을 것 같았다. '이것을 배워서 어디 써먹을 데가 없는데 왜 배워야 해요?' 이렇게 직접 묻는 아이는 없었지만 이미 표정으로, 태도로 말하고 있었다. 맞다. 배워서 써먹을 수 있어야 하고 써먹을 수 있는 것을 배워야 한다.

여러 가지 시도 끝에 그나마 친구들 만나서 밥 먹고 술 한잔 하는 일이 가장 재미있고 편하다는 결론을 내렸다. 지금 생각하면 참 아저씨다운 일상이었다. 일주일 내내 친구들과 술을 마신 날도 있었고, 약속이 없는 날은 혼자 집에서 밥을 먹으며 술을 마셨다. 어쨌든 약간 무료했던 일상에 술이 항상 함께했다.

임경선은 『태도에 관하여』에서 이렇게 말한다.

"'일은 어차피 내 삶의 중심이 아니니, 월급 꼬박꼬박 받고 잘리지 않을 정도로만 일을 하겠다'는 확고한 신념이 있다면 능력껏 그렇게 하면 된다. 아슬아슬하게 손해 보지 않는 선을 유지하는 것도 굉장한 균형감각이다. 하지만 그렇게 하면 안타깝게도 나의 영혼, 열정은 직장 외의

곳을 향한다. '저녁이 있는 삶'이나 '일과 사생활의 균형'이라고 좋게 표현할 수도 있다. 하루의 대부분을 직업으로 삼은 일에 투입하는데 내 마음과 열정이 그곳에 없어 빈껍데기처럼 일한다면, 그만큼 충족되지 못한 마음과 열정을 다른 곳에서 어떻게든 해소시켜야 한다."

어느새 아이들과 보내는 삶은 설렘에서 익숙함으로 변했다. 임경선 작가의 글처럼 내 마음과 열정도 조금씩 직장 밖을 향해 갔다. 아이들과 함께 있을 때만 열심히 하면 충분하다고 생각했다. 그렇게 내 직장과 삶을 철저하게 분리하기 시작했다. 가끔은 학교에서 하는 일보다 퇴근 후 보내는 삶이 더 기대되었다. 오늘 만날 친구, 오늘 먹을 음식, 오늘 놀러 갈 곳……. 아이들은 뒷전이었다. 몸만 아이들 앞에 덩그러니 서 있었던 적도 있다. 신규 교사의 패기와 열정, 매너리즘에 빠지지 않겠다는 비장한 각오는 금방 식고 말았다.

한 사람이 하루에 사용하는 에너지양이 100이라고 하자. 에너지를 어느 곳에 얼마만큼 쓸지는 개인이 선택한다. 직장과 개인의 삶에 각각 얼마만큼의 에너지를 쏟는 것이 합리적일까. 워커홀릭은 직장과 개인의 삶이 거의 분리되지 않을 것이다. 퇴근하지 않거나 퇴근 후에도 업무를 손에 들고 있을 수 있다. 그와 반대편에 있는 사람도 있다. 개인의 삶, 퇴근 후에 원하는 일을 하려고 직장에서 버티는 사람도 있다.

일과 사생활의 균형이라는 그럴듯한 말이 있지만, 일에서 무언가를 이룬 사람들은 '오직', '몰입', '집중'이라는 말을 사용한다. 물론 동의하지 않을 수도 있다. 성공한 사람 중 일부는 일과 삶의 균형을 강조하기도 한다. 균형이라는 말도 기준이 주관적이라 딱 50 대 50을 의미하지는 않는다. 어쨌든 지금까지 이야기는 성공한 다른 사람들의 이야기일 뿐이다.

그렇다면 교사는? 교사 집단에 속한 '나'는 어떻게 살아야 할까? 교사의 책무는 최소한으로 하고 내 삶을 최대한 즐기는 삶은 어떨까? 교사의 책무는 최대한 열심히 하고 내 삶은 최소한만 즐기는 삶은 어떤가? 교사의 책무와 내 삶에 적절한 균형을 이루는 삶은 어떤가? 그 균형은 어디를 의미하는가?

나도 이 질문들에 많은 고민을 했다. 내가 내린 답은 이렇다. '이 틀을 벗어나면 어떨까?'

에너지양을 나누어 쓰는 개념에서 벗어나 교사라는 존재를 덧입는 것이다. 엄마가 언제 엄마가 아닌 적이 있는가? 직장에서 일을 하다가도 아이에게 전화를 받을 때면 엄마다. 자신의 일에 몰입한 순간에도 아이가 부르면 그 순간은 다시 엄마가 된다. 엄마라는 사람은 '엄마라는 정체성'을 갖고 살아간다. 하루 24시간을 아이 엄마라는 존재로 살아가는 것이다. 엄마이면서 직장 일을 하는 사람, 즉 엄마라는 본질 위에 다른 것들이 덧입혀진다.

내 존재에 교사라는 정체성을 덧입는다면? 나는 1년 365일, 하루 24시간 내내 교사다. 어느 곳에 있든지 교사다. 교사로서 산다 생각하고 삶을 사는 것이다. 너무 숨 막히지 않느냐며 동의하지 않는 사람들도 있을 것이다. 나도 예전에는 그렇게 생각했다. '일은 일이고, 나는 나니까 내 사생활은 내가 알아서 할 거야' 하고 말이다.

어느 날 친구들과 술을 마시려고 잔뜩 꾸미고 집을 나선 적이 있다. 짧은 치마에 진한 화장을 하고 약속 장소로 향하는 길이었다. 무단횡단을 하려고 이리저리 차를 살피던 순간, 문득 이런 물음이 생겼다. 질문이라기보다는 자조에 가까웠다. '나한테 아이가 있다면, 나 같은 교사에게 아이를 맡기고 싶을까?' 그 순간부터 그동안의 삶을 버리기 시작했다. 습관을 벗겨내는 일은 참 아프고 힘이 많이 들었다.

나는 지금 두 아이의 엄마다. 내 아이를 맡기고 싶은 선생님은 '진짜' 선생님이다. 완벽하지 않더라도 아이들을 삶의 중심에 두고 교사의 정체성을 가진 채 살아가는 '진짜' 선생님 말이다.

육아휴직, 진짜 교사가 되는 힐링캠프

결혼 후 첫째 아이를 낳고 1년간 육아휴직 기간을 보냈다. 교사에게 육아휴직은 가져도 되고 갖지 않아도 되는 개인의 선택이다. 대부분의 교사가 첫째 아이를 낳고 평균 6개월에서 1년간 육아휴직을 한다. 교사는 휴직을 결정할 때 경력 단절이나 상사의 눈초리를 전혀 의식하지 않아도 된다. 내 빈자리에 다른 사람을 뽑아서 채우는 것이 아니라 대기자나 복직 예정자를 발령하는 시스템이기 때문이다. 학교라는 직장에서는 한 명이 자리를 비우면 그 자리에 대기 중인 다른 사람을 배치한다. 내가 보기에는 아주 간단한 교체 방식이다.

새 학기가 시작된 3월, 다른 교사 친구들은 한창 정신이 없을 시기에 나는 한가로이 아이와 집에 있었다. 아이와 먹고 자고 남편과 더 많은 시간을 보내는 일상에 걱정과 고민거리는 물론 없었다. 평일에 친정에 며칠씩 내려가 있거나 내가 하고 싶은 일을 자유롭게 선택할 수 있었다.

그렇게 휴직을 시작한 지 3개월 정도가 지나 아이가 6개월쯤 되었을 때다. 남편이 갑자기 경기도로 일을 하러 가겠다고 했다. 나와 아이만 두고 돈을 벌러 가겠다는 것이다. 결혼하고 지금까지 남편과 한시도 떨어져 지낸 적이 없는데 갑자기 다른 지역으로 간다는 것이다.

"나 경기도로 올라가려고. 당장 다음 주 주말부터……."

순간 눈물이 쏟아졌다. 왜 하필 지금이어야 하냐고 따졌다. 그냥 조금 아껴 살면 안 되냐고, 여기서 직장을 구하면 안 되겠냐고 애원도 했다. 울고 또 울고 화내고 붙잡고 때로는 침묵했다. 받아들이기 싫었다. 아이랑 나랑 단 둘이 어떻게 살지? 일주일에 한 번, 길면 2주일에 한 번 올 수 있다는데, 남편이 올 때까지 어떻게 버티지? 당장 아이 목욕도 혼자 해 본 적이 없는데? 제발 남편 마음이 바뀌기를 바랐다.

남편 마음은 어땠을까. 한 가족의 가장이, 처와 자식을 먹여 살려야 하는 부담을 갖고 아이를 바라볼 때 마음은 편했을까? 눈에 넣어도 아프지 않은 갓난아이를 두고 먼 길을 떠나겠다는 마음을 먹었을 때 어떤 마음이었을까? 나와 아이가 없는 곳에서 혼자 눈물을 쏟았을 것이다.

결국 남편은 경기도로 떠났고 아이와 나는 남겨졌다. 남편과 함께 했던 시간들이 공백으로 남았다. 그 시간들을 무엇으로 채워야 할지, 그보다 허전하고 불안한 마음을 무엇으로 채워야 할지 막막했다. 그래서 짐을 싸서 친정으로 갔다. 아이를 카시트에 앉히고 처음으로 고속도로

를 질주했다. 아이를 차에 태우고 동네를 천천히 다닌 적은 있지만 고속
도로는 처음이었다. 내가 혼자였을 때 당연하게 했던 일들이 아이가 생
기고 나니 두렵고 걱정스러웠다. 내 아이를 '책임'져야 한다는 생각 때
문이었다. 차를 운전하는 것, 혼자 샤워를 하는 것, 밥을 먹는 것, 심지어
화장실에 가는 것까지 내가 하고 싶다고 바로 할 수 있는 일이 아니었
다. 뭐든지 아이와 함께해야 했다.

그렇게 일주일 정도 친정에 머물렀다. 누군가가 옆에 같이 있어 준
다고 해서 마음이 채워지지는 않았다. 내 안에서, 내가 스스로 해결해야
할 문제였다. '남편 없는 동안 어떻게 살아야 할까?' 나에게 질문을 던지
고 스스로 답을 찾았다.

'이렇게 살지는 말자. 나를 발전시키자.'

고등학교 다닐 때 했던 것처럼 하루 일과를 만들어 움직이기 시작했
다. 하루 일과를 나와 아이를 위한 시간으로만 채웠다. 아침에 눈을 뜨
면 가장 먼저 무엇을 하고 아이가 낮잠을 자는 시간에는 무엇을 할지 정
해 놓았다. 공허함과 무력함의 자리를 내 의지와 의지가 만들어 낸 계획
들이 차지하기 시작했다.

아침에 눈을 뜨면 가장 먼저 방 정리와 청소를 했다. 오전에는 아이
이유식을 만들어 먹이고 아이와 함께 놀았다. 아이가 낮잠을 자면 내 일
을 했다. 크게 두 가지로 성경 읽기와 책 읽기가 그것이다. 아이가 낮잠
에서 깨면 간식을 먹이고 놀다가 오후 4시쯤에는 산책을 나갔다. 동네
를 한 바퀴 천천히 돌았다. 나에게 주어진 유일한 운동 시간이었다. 다

행히 동네에 웬만한 것들은 다 있었다. 산책하며 커피도 마시고, 장도 보고, 구경도 했다. 집에 들어와서는 샤워를 하고 아이에게 이유식을 먹였다. 저녁에는 아이와 함께 교회에 갔다. 집에 돌아와서는 자기 전에 꼭 남편과 영상통화를 했다. 그리고 아이와 함께 잠들었다. 이 생활을 5개월간 반복했다.

책은 주로 교육과 관련된 책을 많이 읽었고, SNS에서 사람들이 올린 글을 읽기도 했다. 친구들의 사소한 일상부터 나와 같은 교사들의 글도 있었다. 세상에는 열정 있는 교사도, 실력 있는 교사도, 아이들 생각만 하고 있는 교사도 정말 많았다. 그동안 내가 모르고 지내던 세계였다. 아니 관심이 없어서 보이지 않았다는 말이 더 정확한 표현일 것 같다. 나의 관심을 교사들의 이야기로 쏟았다. 열심히 생활하는 교사들은 네트워크처럼 일정한 무리를 형성하고 있었다. 각자 지역은 달라도 글로써 소통하고 있었다.

글을 읽고 괜찮다고 생각하는 교사에게는 모두 친구 신청을 했다. 이제 SNS에 접속만 하면 수십 명의 교사들이 실시간으로 올리는 글을 읽을 수 있게 되었다. 생각과 정보는 꼬리에 꼬리를 물었다. 내가 모르는 전문적인 지식들과 좋은 자료들, 깊은 생각들이 넘쳐났다. 시간이 날 때마다 읽고, 생각하고, 스마트폰으로 캡처하기를 반복했다. 몇 달간 그들의 이야기 속에 푹 빠져 지냈다. 그중에는 책을 출간한 분들도 있었고, 좋은 책을 추천한 분들도 있었다. 책을 출간한 교사들의 책을 모두 사서 읽었다. 나에게 그 글들은 하나의 보석이자 광맥이었다. 한마디로 노다지였다. 나는 좋은 것에 물들기 시작했다. 나도 그렇게, 그런 사람이 되고 싶었다.

시간이 흘러 육아휴직이 끝난 후 복직을 한 나는 이전과는 조금 달라져 있었다. 그동안 읽고 쌓은 지식들이 예전처럼 살도록 내버려두지 않았다. 나는 직장 생활을 하는 교사가 아니라 교사라는 정체성을 가진 교사로 조금씩 변해가고 있었다. 퇴근 후에는 아이를 돌보며 교육 관련 책을 읽었고, 더 좋은 교사가 되려고 노력했다. 수업 방법을 고심하고 아이들을 어떻게 대할지 늘 머릿속으로 고민했다. 어딜 가든 좋은 수업의 소재가 될 만한 것을 보면 찾아서 가져왔다. 내 생각과 관심이 온통 그쪽에 쏠려 있었다. 예를 들면 이런 것들이다.

□ 길을 가다가 스마트폰을 꺼내 간판 사진을 찍었다.
   (국어, 우리 주변의 말 수업 자료)

□ 슈퍼마켓에 가서 색깔이 다른 막대사탕을 여러 개 샀다.
   (수학, 분류하기 수업 자료)

□ 우주 천문관에 놀러 가서 천체 만들기 모형을 샀다.
   (과학, 천체 수업 자료)

□ 수업 관련 책을 읽다가 여러 페이지를 접었다.
   (아이들과 해 보고 싶은 활동)

□ SNS에서 수업 활동을 읽고 캡처했다.
   (아이들과 해 보고 싶은 활동)

□ 아이에게 책을 읽어 주다가 내 가방에 챙겨 넣었다.

(수업에 활용)

모두 누가 시켜서가 아니라 스스로 한 것들이다. 교사들은 대부분 습관적으로 아이들과 수업 생각을 한다. 직업병일 수도 있지만, 이런 직업병이라면 프로답다고 생각한다. 그렇게 교사의 삶을 살기 시작했다.

누구에게나 힘든 시간들이 찾아온다. 시간이 지나고 나서 돌아보면 별것 아닐 수도 있고, 다른 사람이 보았을 때 아무 일도 아니라고 말할 수도 있다. 하지만 개인이 바라보는 짐의 크기와 무게는 타인이 상상할 수 없는 것이다. 스스로가 삶의 무게를 규정하기 때문이다. 돌이켜보면 나에게 다가온 모든 위기는 기회였다. 남편과 떨어져 혼자 있어야만 했던 시간들은 온전히 나를 위한 시간이 되었다. 나를 채워 가는 시간, 나를 성장시키는 시간이 되었다.

이렇게 교사로서, 엄마로서, 한 인간으로서 나는 조금씩 성장하고 있었다. 한 인간으로 성장하는 일은 교사로서 성장하는 일보다 앞섰다. '나'라는 사람이 변하기 시작하자 교사인 나도 변하기 시작한 것이다.

2부

상처받은 아이들,
마음 상처가
회복되다

01

넌 어느 별에서 왔니?

'도대체 왜 그러는 거야? 정말 언제까지 그럴 건데?'

'내가 1년을, 아니 한 달을 버텨 낼 수 있을까?'

교사가 된 것을 후회했다. 이 정도로 힘든 일이라면 더 이상 하고 싶지 않았다. 누가 이 상황을 버텨 낼 수 있을까. 버텨 낼 수 있다면 차라리 그 사람이 나 대신 왔으면 좋겠다고 생각했다. 지금 당장 무책임하게 떠날 수는 없으니 1학기만이라도 어떻게든 버텨 보자고 수없이 스스로를 달래고 다잡았다. 퇴근 후 집에 가면 이불을 뒤집어쓰고 울었다. 에너지는 바닥났고 상처와 분노로 얼룩진 마음은 어쩔 줄을 몰랐다. 인생의 크고 작은 일들을 여러 번 겪었지만 지금 이 아이들과 지내는 일은 비교할 수 없을 정도로 힘들었다.

"여보, 나 진짜 학교 그만 다니면 안 될까? 나 머리가 진짜 돌아 버릴 것 같아."

남편에게 힘든 마음을 쏟아 놓고 화풀이하는 날이 늘어났다. 어떤 날은 쉬는 시간마다 전화해서 당장 그만두겠다고 선언했다. 해결되지 않는 문제, 똑같은 내용의 대화를 지겹도록 되풀이했다. 내가 감당할 수 없는 세 명의 아이 때문이었다.

처음에는 내 탓을 했다. 내 능력이 부족해서, 내 경력이 부족해서, 내가 2년 만에 담임을 맡아서 이렇게 힘든 것이라며 스스로를 채찍질했다. 그렇지만 상황은 전혀 나아지지 않았다. 혼자서는 도저히 감당할 수 없다는 것을 인정하고 주변에 도움을 구했다. 학년부장 선생님, 수석 교사님, 교감 선생님, 교장 선생님을 찾아가 도와 달라고 부탁했다. 자존심이 센 내가 적극적으로 도움을 구하기 시작했다는 것은 이미 교직 생활의 마지막을 염두에 두고 있다는 의미였다. 나를 힘들게 했던 세 아이의 특성을 지금부터 간략히 소개하면 이렇다.

첫 번째 아이는 태하다. 태하는 에너지가 정말 많은 아이다. 반에서 가장 몸집이 크고 힘이 세며 목소리도 컸다. 수업 시간에 큰 소리로 이야기하거나 다른 사람이 이야기하는 도중 자주 끼어들어 맥을 끊었다. 친구들과 다툼도 잦았다. 자신이 조금이라도 피해를 입으면 바로 주먹이나 발을 날렸다. 시간이 지나면서 때리는 대신 소리를 지르거나 주변 물건에 화풀이를 하기 시작했다. 속상한 일이 있거나 뜻대로 일이 쉽게 풀리지 않을 때, 조금이라도 복잡하고 어려운 과제를 해결해야 하면 때와 장소를 가리지 않고 곧장 소리를 지르며 주변 물건을 발로 차고, 주먹으로 치고, 내던졌다. 태하가 분노하기 시작하면 수업을 중단해야 했다. 태하는 화가 날 때 어떻게 행동해야 할지 모르는 아이였다. 그보다는 근본적으로 좌절과 어려움을 견디는 힘이 조금도 없는 아이였다. 큰 몸집과 달리 내면은 여린 아이였던 것이다. 친구들 사이에서도 우기기 일쑤였다.

"가위, 바위, 보"

급식 줄 서기 게임을 한창 재미있게 하고 있는데, 갑자기 큰 소리가 났다.

"아이씨! 아, 진짜!"

태하가 악을 지르며 청소 도구함을 발로 차고 있었다.

"태하야, 무슨 일이니?"

아이는 대꾸하지 않은 채 제 분에 못 이겨 계속 소리를 지르며 물건을 주먹으로 내리쳤다.

"무슨 일 있니? 왜 이렇게 화가 났어?"

"아이씨, 얘가 늦게 냈다고요!"

"민수야, 이리 와 볼래? 같이 이야기해 보자."

민수는 겁먹은 표정으로 이야기를 시작했다.

"저랑 태하랑 똑같이 냈는데요. 그걸 창수도 보았고요. 근데 태하가 저한테 지니까 갑자기 소리를 질렀어요."

"아! 아니라고! 네가 늦게 냈잖아!"

친구가 한마디라도 더 하면 멱살을 잡을 기세였다. 태하의 어깨를 감싸 안았다.

분이 안 풀리는지 옆에 있는 사물함을 주먹으로 내리치고 발로 계속 찼다.

"다시 하자고! 다시 해!"

가위바위보 게임에서 지는 것조차 못 견뎠다. 태하가 원하는 것은 이기는 것이었다. 아주 작은 일상적인 일에도 욕구가 좌절되면 태하의 분노는 극에 달했다. 쉽게 분노에 사로잡히는 아이, 그것이 일상이 된 아이가 바로 태하였다.

두 번째 아이는 경민이다. 경민이는 학기 초부터 주의가 매우 산만했다. 수업 시간에 가만히 앉아 있거나 수업에 집중하지 못하고 작은 자극에도 생각이 흐트러졌다. 그런데 그림을 그리거나 만들기를 할 때는 마치 딴 사람처럼 몰입했다. 자신이 좋아하는 일에는 아주 집중을 잘했지만, 무엇 하나에 사로잡히면 하루 종일 그 생각만 했다.

경민이는 누군가가 말한 내용이나 자신이 생각한 것을 자주 잊어버리기도 했다. 발표하려고 손을 들었다가도 생각이 나지 않는다며 다시 자리에 앉거나 설명을 듣고 자리에 돌아가던 중에 대화한 내용을 잊어버려서 다시 나에게 와서 묻기도 했다. 수업 중에 반 아이들을 대상으로 천천히 설명을 해도 꼭 "선생님, 방금 뭐라고 했어요? 못 들었어요.", "이거 어떻게 해요?"라고 되물었다.

경민이도 태하처럼 욕구가 좌절되는 상황을 견디지 못했다. 하고 싶은 일을 나중에 해야 하거나 순서를 기다리거나 거절당하는 상황이 닥치면 과도하게 짜증을 내거나 실망했다. 떼를 써서 원하는 것을 얻으려 하기도 했다. 5교시 수업을 하는 날이었다. 다른 반 선생님이 4교시가 끝나고 가방을 메고 교문을 나서는 우리 반 아이를 우연히 보고는 전화를 했다.

"선생님, 경민이가 집에 가고 있는데요. 무슨 일이 있나요?"

"아니요. 제가 금방 내려가 볼게요."

"경민아 오늘 5교시 수업인데, 집에 가고 있다고 해서 깜짝 놀랐어."

"집에 갈 거예요."

"경민아, 지금 당장 학교를 나서면 뭘 할 거야?"

"엄마가 아침에 장난감 사라고 돈 주셨어요. 그것을 사러 가려고요."

"그 생각을 언제부터 했어?"

"아침부터요."

그 날 경민이가 좀 이상하기는 했다. 평소보다 유난히 수업에 집중하지 못하고 교과서나 책상에 그림을 그리고 있었다. 작은 보조 가방을 만지작거리며 돈을 세기도 했다. 아침에 학교에 도착해서부터 온통 그 생각만 하고 있었던 것이다. 이처럼 자신의 세계에 몰입된 아이가 바로 경민이다.

세 번째 아이는 창민이다. 창민이는 굉장히 영특한 아이다. 자신이 관심 있는 일과 없는 일에 확실히 상반된 태도를 보였다. 평범한 수준의 과제에는 관심을 보이지 않았다. 몰래 책을 읽거나 다른 생각을 했다. 그런데 조금이라도 자신의 흥미를 끄는 것에는 교실 맨 뒤쪽에서 칠판 앞까지 쏜살같이 달려 나왔다. 언제 달려 나왔는지도 모를 정도로 말이다. 칠판에 글씨를 쓰고 나서 고개를 돌리면 어느새 내 옆에 서 있곤 했다. 그때마다 수업 중에는 아무리 궁금해도 칠판 앞까지 나오지 말고 기다려야 한다고 말해도 소용이 없었다.

창민이는 친구들에게 상처받고 소외당하는 상황에 특히 민감하게 반응했다. 학기 초에 처음으로 운동장에 나간 날, 10분 정도 자유 시간을 주었다. 창민이는 혼자서 운동장 스탠드에 앉아 있었다. 창민이 옆에 앉아 이런저런 이야기를 나누었다. 창민이는 1학년 때 친구가 한 명도 없어서 많이 외로웠다고 했다. 그래서인지 친구들이 자신을 거부하거나 끼워 주지 않는 상황, 자신을 비난하는 것 같은 상황을 못 견뎠다. 화가 나면 그 즉시 교실 문을 발로 차거나 수업 도중 밖으로 뛰쳐나갔다.

창민이는 1학기에 활동을 정해진 시간 안에 마무리한 적이 거의 없었다. 겨우 시작했다가도 주변 친구들의 말 한마디에 곧장 하던 일은 내팽개치고 흥미를 끄는 다른 곳으로 움직였다. 집중하면 5분 안에 끝낼 수 있는 일을 1시간씩 걸려 해냈다. 그래서 일부러 하교 후에 남아 과제를 끝내게 했다. 나는 창민이가 과제를 끝낼 때까지 단 한마디도 하지 않았다. 신기하게도 그때는 자신이 할 일을 아주 빠르게 잘 해냈다.

창민이는 종잡을 수 없는 아이였다. 자신이 느끼는 주변 자극에 즉각적으로 반응했기 때문이다.

"창민아, 수업 시간에 어디가?"

"아, 복도에서 무슨 소리가 나서요."

"창민아, 언제 선생님 옆으로 나온 거니?"

"방금요."

"수업 시간에는 앞으로 나오면 안 돼. 창민이가 칠판을 가리면 친구들이 불편해. 선생님이 나오라고 할 때만 나오는 거야."

"네."

'네'라고 대답은 잘한다. 그런데 무슨 소리만 들리면 순간 이동하듯 어느새 그 장소로 가 있다. 참 별나다.

이 세 명의 아이와 생활하는 일은 수행의 길이었다. 세 명의 아이가 순서대로 말썽을 일으키면 그나마 차근차근 해결할 수 있었지만, 문제는 동시에 일으킬 때다. 두 명은 수업 중에 돌아다니고, 한 명은 수업 중에 책상을 발로 차며 소리를 지른다. 이 상황이 무려 3개월간, 매일 같이 이어졌다. 분신술이라도 쓰고 싶었다. 수업도 해야 하니 나를 딱 네 명으로 나눌 수 있었으면 했다.

이 아이들을 만나면서 내 능력이 부족하다는 생각을 많이 했다. 주변에 조언도 구하고, 도움도 요청하고, 매일 책과 동영상도 찾아 공부했다. 공부한 방법들은 바로바로 적용했다. 전문가가 알려 주는 방법들은 꽤 좋아 보였지만, 실전에서는 별 도움이 되지 않았다. 수많은 방법 중에서 아이와 나에게 맞는 방법을 찾아야 했다. 내가 도움을 요청했던 경력 20년 이상인 선생님조차도 이런 아이들은 처음 본다고 했다. 내 인생에서 가장 불행한 순간이었다. 왜 하필 내가 이런 아이들을 맡아야 하는지……. 교사를 그만둘지 계속할지 진지하게 고민했다. 그런데 이제는 신기하게도 이 아이들이 예쁘다. 아이들도 나를 참 잘 따른다. 문제 행동이 드러나는 순간을 제외하면 아이들과 나는 참 편안하다. 세 아이는 내 옆에 와서 조잘대고 안기며 선생님이 예쁘다고, 좋다고, 보고 싶다고 이야기한다. 어쩌면 그렇게 사랑스러운지 모르겠다.

　나를 미치게 만들었던 이 아이들은 나를 진짜 교사가 되는 길로 밀어 넣어 주었다.

02
아이들의 문제가 '훈육'임을 발견하다

이 세 명의 아이에게는 몇 가지 공통점이 있었다.

첫째, 아이들은 좌절을 견디지 못했다. 어렸을 적부터 좌절을 많이 겪어 보지 않은 것이 문제였다. 좌절을 겪어 보지 않으니 좌절된 상황에서 어떻게 빠져나와야 하는지 몰랐다. 그 상황에 처하면 자신이 알고 있는 최악의 방법을 써서 좌절감과 분노를 표현했다. 아이들에게 좌절은 우리가 일반적으로 생각하는 큰일이 아니었다. 친구의 거절, 순서를 기다리라는 말, 게임에서 지는 일, 수학 문제를 쉽게 풀 수 없는 일 등 지극히 평범하고 일상적인 일이었다.

하루는 태하가 자신을 보아 달라는 듯 책상을 주먹으로 치며 발을 굴렀다.

"태하야, 무슨 일 있니?"

"아이씨, 미치겠네. 한번도 틀린 적 없는데 틀렸다고요."

짜증 섞인 목소리로 소리를 지르더니 눈물을 뚝뚝 흘렸다. 받아쓰기 시험에서 문제 하나를 틀려 속상했던 것이다. 한번도 틀린 적이 없었는데, 오늘 짝꿍이 틀렸다고 채점해서 돌려주니 짝꿍도 밉고 그 상황이 너무 싫다고 했다. 태하는 여기저기 화풀이를 하고 다녔다. 수업이 중단될 만큼 큰 소리를 지르며, 주변의 물건을 집어 던졌다. 누군가 자신을 쳐다보면 애꿎게 불똥이 그쪽으로 튀었다.

"뭐! 뭘 봐! 죽을래? 아, 진짜. 짜증나 죽겠네! 미쳐 버리겠네!"

"그래서 많이 속상했니? 태하가 더 잘하고 싶었구나."

내가 할 수 있는 일은 아이가 어떤 마음인지 이해하고 공감하는 것뿐이었다. 하루에도 몇 번씩 짧게는 몇 분에서 길게는 하루 종일 고함을 질렀다. 그러다가 어떤 날은 나도 참지 못하고 소리를 질렀다.

"도대체 언제까지 그럴 거야? 네가 어린아이야? 너를 지켜보는 우리도 너무 힘들다."

사실 태하가 감정과 행동을 조절하는 능력은 아직 어린아이와 같았다.

둘째, 아이들에게는 모두 떼쓰는 습관이 있었다. 부모와 이야기를 나누다 보면 아이가 그럴 수밖에 없는 이유를 알 수 있었다. 세 명의 아이가 가진 습관에는 나름 이유가 있었다.

태하는 어렸을 적 외할머니 손에 자랐다. 외할머니는 아이가 원하는 것은 모두 들어주었다. 아이가 슬퍼하거나 속상한 감정을 느끼지 않도록 항상 옆에서 아이의 욕구를 미리 알고 대신 채워 주었다. 외할머니와 달리 어머니는 아이에게 무척 엄했다. 아이는 두 양육자의 일관성 없는 기준 아래에서 자란 것이다.

경민이 부모는 함께 사업을 하느라 늘 바빴다. 아이는 방과후에 집에 혼자 있거나 형과 있었다. 일을 마치고 돌아온 부모는 미안한 마음에 아이가 요구한 것을 모두 들어주었다. 특히 아이가 갖고 싶다는 장난감은 거의 다 사 주었다. 경민이에게는 늘 장난감이 넘쳐났다. 눈살을 찌푸리며 우는 시늉을 하는 일은 경민이가 가진 최고의 무기였다.

창민이는 늦둥이다. 늦둥이는 많은 사람의 사랑과 관심을 한몸에 받고 자란다. 하지만 그것은 일시적인 사랑과 관심이다. 내게도 늦둥이 동생이 있다. 동생이 자라는 것을 지켜본 나는 부모가 끊임없이 사랑을 주고 관심을 쏟기가 얼마나 힘든지 잘 안다. 부모의 체력이 따라 주지 않을 뿐더러 첫째 아이만큼 노력해서 키우지 않는다. 마냥 귀여운 늦둥이는 잘못을 이해받고 용서받는 데 익숙하다. 도움받는 것을 당연하게 여긴다. 학교에서도 누가 옆에서 같이 해 주지 않으면 시작하지 않는다. 잘 생각이 나지 않는다며 손을 놓고 있다. 하기 싫은 일을 해야 할 때, 창민이는 그 일을 하지 않으려고 자주 떼를 썼다.

아이들의 습관은 만들어진 것이다. 모든 부모는 자식이 잘 자라고 행복하기를 바란다. 다만 잘 자란다는 것, 행복하다는 것이 어떤 의미인지 깊이 생각해 보지 않은 채 아이를 키운다. 아이가 행복하기를 바라는 마음에서 아이를 가만히 두지 않는다. 아이가 자연스럽게 겪어야 할 좌절과 상처, 아픔과 고통을 겪지 못하도록 모든 불편한 상황에서 아이를 구출해 낸다. 문제 해결사를 자처하며 전면에 나선다. 아이가 해야 할 일을 대신한다. 그런데 문제는 아이가 공동체 생활을 시작하면서 생긴다. 아이는 그 무게를 가장 크게 느낀다. 학교에서는 힘든 일을 대신 해 주는 부모, 떼쓰는 것을 허용해 주는 부모가 없다. 규칙에 따라 행동하고 조절할 줄 알아야 하는데, 이런 연습을 집에서 한 적이 없다. 규칙대로 행동하는 것 자체가 아이에게는 좌절이자 스트레스다.

물론 이 아이들에게는 가정의 훈육과는 별개로 정서적인 문제가 있었다. 주의력결핍과잉행동장애, 분노조절장애, 낮은 자존감 등 아이가 스스로의 힘으로 극복할 수 없는 문제였다. 전문가의 치료와 도움이 꼭 필요한 아이들이었다. 분명한 것은 아이의 행복을 위해서 한 부모의 훈육이 오히려 아이를 더 힘들게 만들었다는 것이다.

지나치게 허용적인 양육, 반대로 지나치게 엄격한 양육은 위험하다. 아이의 감정에는 친절하되 행동에는 단호한 양육이 필요하다. 속상하고 좌절된 마음은 이해하지만 과격한 행동으로 감정을 표현해서는 안 된다는 것을 끊임없이 알려 주고 직접 보여 주어야 한다. 또 아이 스스로 욕구 좌절의 상황을 겪고 조절하고 회복할 수 있는 기회를 많이 주어야 한다.

아이들의 문제 행동을 개선하려면 양육자의 정확하고 일관된 반응이 중요하다. 정확하고 일관된 반응이란 이런 행동을 할 때는 반드시 이렇게 해야 한다는 것을 아이가 예상할 수 있어야 한다는 말이다. 교사로서 나도 이 부분에 참 미숙했다. 일관성보다 내 감정과 아이의 상황에 따라 다른 결정을 내린 적이 많았다. 아이들의 문제를 더 키운 셈이다.

내 문제를 깨닫고 아이들에게 정확하고 일관된 반응을 보이려 노력했다. 특히 세 아이에게는 일관되게 상과 벌을 적용해 문제 행동을 줄이려 노력했다. 하지만 내 바람과 달리 책이나 강의에서 접한 많은 방법이 줄줄이 실패했다. 상과 벌은 드러나는 행동을 다루는 훈육의 기술일 뿐이 아이들에게 부족한 능력을 기르는 데 많은 도움은 주지 못했다. 교사나 어른의 기준, 학교의 규율을 기준으로 아이들을 이끌어 가려는 노력은 지나치게 많은 에너지를 쏟게 했다. 누군가의 힘과 권위가 작용해야 했다. 아이들의 문제 행동도 개선될 기미가 보이지 않았다.

교사 주도, 양육자 중심의 훈육은 효과가 없었다. 나는 방법을 바꾸어 아이들 편에 서려고 노력했다. 아이들의 협력자로 도움을 주는 사람이 되기로 했다. 아이들을 생각하며 고민할수록 아이들을 이해하게 되고, 아이의 장점을 보게 되었다. 아이들이 점차 예뻐 보이기 시작했다. 자연스럽게 아이들과 나는 가까워졌다. 돈독한 '관계' 속에서 내가 하는 말에 힘이 실리기 시작했다. 나는 아이들이 힘들어하는 구체적인 상황과 패턴을 파악했고, 그 상황에서 아이들의 요구를 모두 수용하는 대신 내 걱정과 생각을 전달하며 서로가 만족하는 해결책을 찾으려 노력했다. 일관성 있게 이 방법을 고수했다.

일반적으로 훈육의 일관성이라고 하면 혼을 내거나 벌을 주는 상황을 일관되게 유지하는 것이라고 생각한다. 하지만 나는 조금 다르게 생각한다. 많은 실패와 성공의 경험을 통해 아이의 편에 서서 아이와 협력하고 도움을 주며 서로 만족을 얻는 방법을 일관성 있게 유지하는 편이 낫다는 것을 알았다. 아이들과 내 힘을 적게 쓰면서 아이들의 부족한 능력을 기르는 방법이 내게는 더 잘 맞았다. 물론 지금도 부족한 부분이 많다. 내가 아이들을 대했던 방법과 비슷한 내용이 로스 그린의 『학교에서 길을 잃다』에도 나온다. 뒤늦게 이 책을 접하며 내가 그동안 아이들을 돕는 길에 서 있었다는 것을 알게 되어 안심했다.

완벽한 훈육 방법은 없다. 모든 아이에게 적용되는 일반적인 훈육 방법은 더더욱 없다. 하지만 훈육자의 원칙은 있어야 한다. 나에게도 원칙이 있다. 내가 중요하게 생각하는 훈육의 원칙은 이렇다.

▫ 아이의 편에 서는 방법인가?
▫ 아이의 부족한 능력을 길러 줄 수 있는 방법인가?

아이의 입장에서 아이를 돕는 진짜 훈육, 내 편의를 생각한 훈육이 아니라 아이를 세우는 훈육을 하고 싶다.

03
ADHD를 바라보는 두 가지 시선, 부모 vs 교사

정서적으로 문제가 있는 아이들을 보면서 자주 이렇게 생각했다. '지독하게 말을 안 듣네, 일부러 나를 힘들게 하려고 작정이라도 했나?' 아무리 타이르고 꾸짖어도 몇 분 후에는 똑같은 행동을 하고 있었다. 아이들은 생각하기 전에 먼저 행동했다. 아이를 보면서 온갖 감정을 다 느꼈다. 교사가 이런 감정을 가져도 되는지, 이런 나쁜 생각을 해도 되는지 심하게 자책했던 날, 교직은 내 적성에 맞지 않는다고 결론을 내렸다. 더 이상 버틸 수 없었다. 망가지고 악해지는 내 모습을 보는 것도 괴로웠다. 교직을 그만두기 전, 후회가 남아서는 안 될 것 같았다. 그래서 내가 할 수 있는 모든 힘을 쏟기로 했다. 이렇게 노력했음에도 상황이 달라지지 않으면 정말 내 적성이 아니었다는 변명을 할 수 있으니까 말이다.

퇴근 후에 시간이 나는 대로 동영상과 강의를 찾아보았다. 오은영 박사가 코칭 전문가로 출연한 프로그램인 SBS 〈우리 아이가 달라졌어요〉를 100편 이상 보았고, EBS 〈60분 부모〉는 주말마다 하루 종일 보았다. 영상 속에서 아이들이 보이는 문제 행동은 부모의 훈육과 밀접한 관련이 있었다. 그렇지 않은 소수의 아이는 전문가의 상담과 치료가 필요한 주의력결핍과잉행동장애(ADHD)였다.

우연히 한 영상에 눈이 머물렀다. 영상 속에 등장한 ADHD를 겪는 아이가 하는 행동이 우리 반 경민이와 비슷했다. 행동, 말투, 눈빛, 태도가 거의 흡사했다. 내가 지금 잘못하고 있을지도 모른다는 생각이 들었다. 내가 이 아이를 여러 방법으로 도울 수는 있겠지만, 결정적인 부분을 놓치고 있을 수도 있었다. 마음이 다급해졌다.

다음 날 바로 경민이 부모를 만났다. 어렵지만 용기 내어 입을 뗐다.

"어머니, 아무래도 경민이가 전문적인 상담과 진단을 받아야 할 것 같아요."

"네? 선생님이 보시기에 그런가요?"

"네. ADHD는 또래에 비해 자기 조절 능력이 많이 떨어지는 증상을 말해요. 전문적인 상담과 치료를 받는 것이 경민이를 돕는 길입니다. 여기 의뢰서와 치료비 지원 동의서에 서명해 주시겠어요?"

"네. 알겠습니다."

어머니의 손이 떨리고 표정이 어두워졌다.

"어머니, 경민이가 부모님을 많이 힘들게 한다는 느낌을 받으셨잖아
요. 경민이 학교생활도 잘 알고 계시고요. 경민이가 쉽게 주의가 산만해
지고, 생각 없이 말하고 행동하는 이유가 있을 겁니다. 어머니, 조금 힘
들겠지만 경민이를 도울 수 있는 전문적인 방법을 공부하고 배워야 합
니다. 저도 마찬가지고요."

어머니에게는 최대한 조심스럽게 이야기를 전했지만, 아마 그 순
간 마음이 무너져 내렸을 것이다. '어찌되었든 일반적인 아이가 아니라
니…… '장애'라는 딱지가 붙으면 어떡하지?'

경민이 어머니는 나에게 원망의 화살을 겨누기도 했다.

"선생님이 무섭지 않으니까 경민이가 더 마음대로 행동하는 것 아닌
가요? 1학년 때는 안 그랬어요."

내 마음도 무너져 내렸다. 아이에게 무섭게 해서 말을 듣게 해 달라
니, 다 내 능력 부족이고 내 탓이라는 소리로 들렸다. 그러나 아이를 힘
과 권위로 잡아서 꼼짝 못하게 통제하는 일은 내가 싫어하는 방법이고,
나와 어울리지 않는 방법이었다. '어머니 마음이 어떨까. 이해하려고
노력해 보자. 혹시 내가 잘못하고 있다면 고치면 되는 거잖아, 괜찮아.'
하며 스스로를 다독였다. 흐르는 눈물을 연신 닦아 냈다.

경민이는 보통의 아이들과는 조금 다른 특별한 아이가 맞았다. 선택
적으로 주의 집중을 하는 이런 아이들을 한 과제를 마칠 때까지 집중을
유지하지 못했다. 잠깐 동안은 집중하는 듯 보이다가도 쉽게 피로해지
고 급격하게 집중력이 떨어진다. 과제를 대충 마무리하고 실수가 잦으

며 과제를 하는 도중 딴짓을 한다. 반복적이고 지겨운 과제를 버티기 힘들어하며 새롭고 신기한 자극을 원한다. 차례를 기다리거나 가만히 있지 못해 이야기 도중에 자주 끼어든다. ADHD 증상이 있는 아이의 특성이 경민이의 모습과 거의 일치했다.

특히 경민이는 학용품과 자기 물건을 자주 잃어버렸다. 하루는 잃어버린 물건을 찾겠다고 3~4시간 동안 온통 그 생각만 하기도 했다. 또 내가 한 말을 기억하지 못하고 자주 잊어버렸고, 다른 생각을 하다가 뒤늦게 다시 묻곤 했다.

"선생님, 뭐하라고 했어요? 방금 못 들었어요."

경민이는 주의력을 조절하는 능력이 떨어져 직전에 하고 있던 생각에서 선생님의 말로 주의를 전환하여 다시 집중하는 데 시간이 걸리는 아이였다. 아이가 일부러 그렇게 하는 것이 아니라 못하는 것이었다. 뇌 기능의 문제였다. 이 사실을 뒤늦게 알았다. 처음에는 나를 골탕 먹이려고 저러나 싶었다. 그때는 아이가 참 미웠다. 아이가 어떤 상황인지 알고 난 후로는 더 이상 오해하지 않게 되었고, 아이에게 필요한 도움을 줄 수 있게 되었다.

경민이는 그리기와 만들기 활동을 좋아했다. 자신이 좋아하는 활동에는 집중을 뛰어넘은 몰입을 했다. 유난히 평온한 날이 있었다. 잠깐 아이들 숙제를 확인하고 있다 경민이가 생각났다.

"얘들아, 경민이 어디 있니?"

"경민이 자리에 있는데요."

"어머, 경민이가 어디 간 줄 알았어. 이렇게 집중하고 있었구나."

경민이가 자리에 앉아 꿈쩍도 하지 않고 있었다. 경민이는 학습 주제와 관련이 없는 작품을 잘 만들어 내기도 했다. 친구들이 생각하지 못한 창의적인 작품, 단 하나뿐인 작품을 만들어 냈다. 얼핏 보면 주제와 관련이 없어 보이지만 경민이 이야기를 듣다 보면 아주 관련이 깊었다. 감탄하지 않을 수 없었다. 아이의 이런 면을 볼 때면 참 흐뭇했다. 문득 이 아이가 천재일 수도 있다는 생각이 들었다. 남들은 비웃을지 몰라도 나는 언젠가부터 이렇게 생각하며 아이를 살펴보았다.

'그래, 나는 지금 천재를 가르치고 있을지도 몰라. 경민이가 나중에 엄청난 사람이 될 수 있어.'

ADHD 증상을 보였던 위인으로는 아인슈타인, 월트 디즈니, 토마스 에디슨, 다빈치 등이 있다. 이들의 학교생활은 정상적이지 않았다. 에디슨은 초등학교 시절 '산만한 아이'라는 이야기를 듣고 3개월 만에 정규 교육을 그만두고, 교사 출신인 어머니에게 가르침을 받았다고 한다. 상상력이 풍부하고 호기심이 넘쳤던 에디슨에게 틀에 박힌 학교 교육은 전혀 흥미롭지 않았던 것이다. 경민이도 이런 사람이 될 수 있다고 생각했다.

경민이 어머니에게는 내가 알고 있는 정보나 새로 알게 된 정보를 자주 알려 주었다. 내가 아이를 보면서 갖는 기대를 이야기하기도 했다.

"어머니, 경민이 창의성이 남달라요. 경민이가 세계적인 위인처럼 자랄 수도 있어요. 어머님도 천재 한 명을 기르고 있다고 생각하세요.

항상 응원합니다. 저도 더 노력하겠습니다."

　사실 ADHD는 가정의 훈육이나 환경적인 요인보다는 유전적인 요인이 가장 크게 작용한다. 부모의 양육 방식이 아이의 상태를 악화시킬 수는 있지만 직접적인 발생 요인은 아니다. 하지만 대다수 부모가 자신을 탓하면서 죄책감을 갖는다. 경민이 부모도 바쁜 일 때문에 아이를 제대로 돌보지 못한 것에 죄책감을 느낀 것 같았다. 그 짐을 덜어 드리고 싶었다. 어머니가 받은 충격과 상처를 위로하고 싶었다. 큰 문제가 아니라고, 특별한 것뿐이라고 이야기하고 싶었다.

　특별한 아이, 경민이는 그렇게 내 품에 맡겨졌다. 내 얼굴을 자주 그려 주는 아이, 만들기 시간에는 꼭 내 것 하나를 더 만들어 선물하는 아이, 선생님이 좋다고 자주 이야기하는 아이, 너무 사랑스러운 아이가 바로 경민이다.

04
낙인찍는 교사, 낙인찍힌 아이들

아이를 낙인찍는 일은 힘들이지 않고 내 책임을 아이와 가정에 떠넘기는 것이다. 아주 쉽고 간단하다. 모든 문제의 원인은 아이에게 있어 학교에서는 그 아이를 감당할 수 없다고 이야기하면 그만이다. 책임을 가정과 병원, 상담 기관으로 떠넘기는 것이다. 너는 더 이상 우리에게 피해 주지 말고 정상적인 아이가 되면 그때 돌아오라는 일종의 분리, 정상과 비정상의 분리인 셈이다.

언젠가 이런 이야기를 들었다. 한 남자가 부쩍 식욕이 떨어지고 피곤해 병원에서 검진을 받았다. 남자는 충격적인 소식을 듣는다. 위암 말기며, 더 이상 손을 쓸 수 없는 상황이라는 것이다. 남자는 그 이야기를 들은 날부터 하루가 다르게 야위어 갔다. 몸에 암 덩어리가 가득 차 있고, 내 생은 곧 끝난다는 생각에 희망을 잃었다. 아무것도 먹지 않고 방에 누워만 있었다. 죽음이 언제 찾아올지, 죽음을 어떻게 준비해야 할지 막막했다. 남자는 결국 쓰러졌다. 가족은 이제 정말 죽음의 문턱까지 왔다고 생각했다. 응급실에 도착한 남자에게 의사는 영양실조라는 진단을 내렸다. 암은 오진이었다. 남자는 그동안 의사 말대로 스스로를 암 환자 취급했던 것이다. 영양실조라는 진단을 받은 남자는 날로 혈색이 좋아졌다. 그러고는 며칠 만에 다시 건강한 사람이 되었다.

의사의 진단은 환자의 삶을 쥐고 흔들었다. 멀쩡한 사람을 곧 죽을 사람으로 만들어 놓기도 하고 죽음의 문턱에 서 있는 사람을 정상적인 삶으로 돌려놓기도 했다. 의사와 환자는 학교에서 교사와 학생의 이야기와 비슷하다. 학교에서는 의사 대신 교사가 아이를 진단한다. 진단이 끝나면 아이들을 구분한다. 정상적인 아이와 비정상적인 아이, 괜찮은 아이와 문제가 많은 아이, 잘하는 아이와 못하는 아이로 가른다. 진단의 기준은 교사의 생각이며 경험이다. 사회적인 통념이며 학교의 문화다. 교사는 학교라는 곳을 기준으로, 아이가 눈에 띄거나 규율 안에 들어오지 못하면 일단 비정상이라는 딱지를 붙인다. 딱지가 붙은 아이는 교사의 눈에 더 잘 띈다. 아이의 비정상적인 행동을 더 많이, 자주 보게 된다. 교사는 곧 아이가 비정상임을 확신하고 격리하기 시작한다. 이시형 박사가 쓴 『엄마, 그렇게 키워선 안 됩니다』에서는 이런 글이 나온다.

"공부 시간에는 선생님을 똑바로 쳐다보고 오직 공부 생각만 해야 한다. 이게 어른이 만들어 놓은 틀이요 기준이다. 여기서 조금만 벗어나면 가차 없이 장애라는 딱지가 붙는다. 공부 시간에 장난을 치거나 밖을 보면 아이는 정서 장애다. 선생님이 물어도 대답을 못하고 책상만 보고 있는 아이는 성격 장애요, 그 학과에 흥미가 없어 성적이 나쁘면 학습 장애다. 얼마든지 붙일 수 있다. 아이의 사정은 물어보지도 않고 나타나는 현상만으로 장애라는 진단을 서슴없이 붙인다.”

아이를 진단하는 기준은 어른들의 획일주의다. 교육의 틀에 맞지 않으면 비정상적인 아이로 취급한다. 창의성 교육을 강조하지만 아이의 많은 부분은 재단해 놓고 생각은 창의적으로 하라고 한다. 아이를 둘러싼 모든 환경이 획일적인데 생각만큼은 다양하게 하라고 강요한다.

이시형 박사는 이런 아이들에게 장애 대신 ‘개성적인 아이, 독창적인 아이, 개성 있는 문제아’ 등 다른 이름을 붙일 것을 제안한다. 장애라는 이름은 아이를 일반적인 집단에서 분리한다. 동정과 연민의 대상이며 치료의 대상, 정상적인 생활이 불가능한 상태라는 편견을 갖게 한다. 반면 개성적이고 독창적인 아이라는 말은 일반적인 집단 내에서 조금 다른, 특별한 아이로 인식하게 한다.

나도 학교에서 아이들을 ‘장애’로 낙인찍기에 바빴다. 낙인찍는 일은 내 책임을 회피할 수 있는 가장 쉬운 방법이었기 때문이다. 내 기준으로 A는 분노조절장애, B는 주의력결핍과잉행동장애, C는 욕구조절장애라고 진단을 내리고는 마음속에서 이미 정상적인 아이들과 분리해 놓았다. 이제 이 아이들은 내 힘으로 어쩔 수 없으니 전문 기관에서 상담과 치료를 받아야 한다고 마음을 굳히고 아이들을 내버려두었다. ‘이

아이는 어차피 내가 어떻게 할 수 없어. 진단이 나올 때까지 그냥 두자.'

아이를 내버려두자고 결심한 데는 두 가지 이유가 있다. 첫 번째 이유는 아이들을 어떻게 지도해야 할지 몰랐기 때문이다. 어설프게 공부한 방법으로는 더 좋지 않은 결과를 낳을 수도 있다고 생각했다. 그동안 여러 책과 영상을 살펴보며 분투했던 삶을 잠시 내려놓았다. 상담 기관에서 연락하거나 교사에게 조언을 해 줄 때까지 기다려 보자는 마음이었다. 두 번째 이유는 너무 지쳐서 포기하고 싶었기 때문이다. 손을 놓고 싶었다. 그냥 마음대로 하라고 내버려두고 나머지 아이들과 평범하게 지내고 싶었다. 쉬운 방법을 택했던 나는 혹독한 결과를 치렀다. 낙인찍는 교사에게 낙인찍힌 아이들은 자신의 진면목을 보여 주었다. 세상에나 그 정도일 줄은 정말 몰랐다. 아이들은 본격적으로 수업을 방해하기 시작했다.

- 수업 중 복도로 나가 신발장 계단을 딛고 올라가 수업하는 우리 모습을 쳐다보며 웃었다.
- 수업 중 친구에게 지우개를 던져 공부를 방해했다. 친구가 더 이상 참지 못하고 화를 낼 때까지 말이다.
- 수업 중 교실 뒤편을 계속 돌아다니며 춤을 추었다.
- 교실에 있는 사물함을 다 열어 놓은 후 지나가면서 다시 닫았다.
- 점심시간, 교실 창문으로 창밖에 있는 친구들을 겨누며 장난감 총을 쏘았다.
- 수업 중 교실 밖으로 수시로 나갔다. 내가 뒤따라가면 술래잡기를 하듯 웃

으며 도망쳤다.

아이들이 하는 행동은 나에게 마치 '선생님이 내가 이상하다고 했죠? 저 진짜 이상한 아이가 되었어요. 이런 행동을 해도 이상한 아이니까 이해받을 수 있는 거죠?'라고 말하는 듯 보였다. 아이들은 상처받은 마음을 최악의 모습으로 되갚아 주었다. 나에 대한 응징이었다. 진단에 걸맞은 환자의 모습을 보여 주었던 것이다. 그래도 아이들이 이렇게까지 하리라고는 예상하지 못했다. 나도 이제 정말 그만둘 때가 되었다고 생각했다. 편의점 알바를 하면서 살아도 되니 이 아이들과는 절대로 같이 지낼 수 없다고 결정했다. 5교시가 있는 날이면 점심시간에 혼자 화장실에서 울고 5교시 수업에 들어갔다. 칠판 앞에 서서 밖으로 나가려는 아이의 손목을 잡은 채로 수업을 했다. 내가 잠시 마음의 끈을 놓았을 때, 아이들만 벼랑으로 떨어진 것이 아니었다. 아이들은 내 옷자락을 잡아끌었다. 나도 아이들과 함께 나락으로 떨어진 것이다. 더 이상의 최악은 없었다.

감사하게도 최악의 상황에서 일어나는 작은 움직임은 모두 희망적이었다. 교감 선생님이 한 아이의 부모를 만나 주셨다. 아이들을 진심으로 생각하는 교감 선생님께서 부모의 마음을 움직이게 만들었다. 교감 선생님은 아이 편, 교사 편, 학부모 편, 모두의 편에 서서 희망을 주었고, 모두를 문제 해결에 집중하도록 했다.

그렇게 다시 일상이 시작되었다. 나는 아이들에게 찍은 낙인을 지웠다. 내가 감당할 수 없는 아이가 아니라 내가 품을 수 있는 아이, 가능성이 있는 아이, 장점이 많은 아이로 새로운 낙인을 찍었다. 아이들은 꾸준히 전문가와 상담을 했다. 상담 기관에서는 부모 교육은 따로 진행했지만 교사에게는 이렇다 할 지침을 주지 않았다. 상담 기관과 학교가 서로 연계하지 못한다는 것이 큰 맹점이었다. 학교에서 자체적으로 어떻게 아이를 대해야 할지 방도를 찾아 나가야 했다.

나는 다시 책을 펴들었다. 이 아이들에게 효과적인 방법이 무엇인지, 아이들을 도울 수 있는 방법이 무엇인지 찾고 연습하고 실천하려고 애썼다. 무엇보다 아이는 비정상이 아니며, 수많은 장점이 잘 드러나지 않은 것뿐이라고 생각했다. 아이에게 완벽을 바라는 것이 아닌, 아이가 어려움을 겪는 상황에서 적절한 도움을 주어 능력을 조금씩 기르는 데 집중했다.

내가 자초한 최악의 상황을 겪은 후 깨달았다. 아이를 있는 그대로 바라보기, 내 기준으로 아이를 판단하지 않기, 아이가 변하지 않더라도 심각한 문제로 여기지 말고 꾸준히 끊임없이 알려 주기.

아이들은 서서히 변하기 시작했다. 낙인을 지우고, 다시 아이들의 손을 잡기 시작하자 아이들은 천사가 되어 내게 돌아왔다.

05

분노조절장애, 교실이 불바다가 되다

왼쪽 팔뚝에 손톱자국이 나고 피멍이 들었다. 초등학생 이후로 몸에 손톱자국이 남은 것은 처음이었다. 태하가 내 팔뚝을 잡고 힘껏 누른 흔적이다. 그래도 친구에게 화풀이하지 않고 나를 붙들어서 다행이다. 나는 태하에게 소리쳤다. "안 돼! 그만! 화가 난다고 이렇게 하면 안 돼!" 아이는 있는 힘껏 소리를 지르며 울고불고 방방 뛰며 어쩔 줄을 몰라 했다. 나는 아이를 꼭 끌어안았다.

학기 초에는 태하와 지내는 것이 너무 힘들었다. 매일매일 지옥이었다. 태하 한 명을 다루는 것이 한 반을 맡는 것보다 더 힘들었다. 태하는 때와 장소, 사람을 전혀 신경 쓰지 않고 화가 나면 그 즉시 마음에 담아둔 모든 분노를 한꺼번에 쏟아 냈다. 태하를 달래고 안전하게 보호하느라 수업은 중단되기 일쑤였다.

"아! 미치겠네!"

"내가 안 했다고!"

"죽여 버릴 거야!"

"뭘 봐! 아이씨!"

태하가 화가 난 순간 다른 아이들은 모두 얼음이 되었다. 태하가 있는 쪽을 일부러 쳐다보지 않았다. 태하와 눈이 마주치기라도 하면 모든 분노가 자신을 향하기 때문이다. 아이들은 신경 쓰지 않고 자기가 하는 일에만 집중하려고 애썼다.

태하는 화가 나면 짧게는 1시간, 길게는 3~4시간 분노를 가라앉히지 못했다. 눈에 보이는 물건은 닥치는 대로 발로 차고, 주먹으로 칠판이나 벽을 있는 힘껏 치고, 손에 잡히는 대로 집어 던졌다. 그렇게 하고 나면 화가 풀리는 것 같다고 말했다. 잘못된 믿음이었다. 너무 오랜 기간 그렇게 지내 온 아이는 쉽게 변하지 않았다.

나는 태하를 멈추게 하는 방법을 알고 있었다. 두려움에 몰아넣는 것이다. 아이의 부모를 포함한 주변 어른들이 사용하는 방법이었다. 하지만 매를 들거나 공포심이 생기게 하는 방법은 힘을 힘으로, 분노를 억압시켜 다시 내면으로 구겨 넣는 방법이다. 어른들이 왜 그렇게 할 수밖에 없는지 잘 안다. 나도 태하와 지내면서 힘들고 좌절한 적이 많았기 때문에 그 마음을 충분히 이해하고 공감한다.

하지만 교사는 체벌을 할 수 없다. 그렇다고 아이에게 두려움을 줄 수도 없다. 특히 나는 그런 일이 어색하고 싫다. 누군가에게 소리를 지르는 일, 두려움을 주는 일은 나와 어울리지 않는다. 효과는 너무 좋지만 정말 이 아이를 돕는 일은 아니라는 것을 세뇌가 될 정도로 책에서 읽고 강의로 들었다.

쉬운 방법을 포기하고 나니 치러야 할 대가가 너무 컸다. 아이에게 분노를 가라앉히는 일을 가르치는 일, 아이를 달래고 기다리면서 내 마음의 평정심을 유지하는 일은 미치도록 힘들었다. 매일 반복되는 태하의 행동과 변하지 않는 아이의 모습을 지켜보아야 했다. 어느 날은 나도 더 이상 견디지 못할 것 같다는 생각이 들었다. 태하가 제발 우리 반이 아니었으면 하는 생각도 했다.

시중에 출간된 책, 훈육 관련 글과 영상을 보면서 태하를 어떻게 대해야 하는지 찾아보았다. 여러 가지 방법을 사용해 보았지만 곧바로 효과가 나타나지는 않았다. 다만 수많은 글을 읽으면서 아이의 양육자에게 필요한 공통점을 발견했다. '양육자는 올바른 길에 서서 아이를 믿고 기다려야 한다. 아이에게 올바른 것을 꾸준히, 자세히, 성실하게 알려 주고 격려해야 한다.'

가장 중요한 원칙이자 방법이었다. 특히 감정 조절이 어렵고 충동성이 있는 아이에게, 이미 그 삶이 몸에 밴 아이에게 다양한 방법은 전혀 효과가 없거나 일시적이었다. 나는 방법은 계속 바꾸어 보되 원칙은 잊지 않으려고 노력했다.

가끔은 태하가 정말 미웠다. 쳐다보기도 싫었다. 그래서 일부러 눈을 마주치지 않은 날도 있다. 아이에게 싸늘함을 주는 방법인 셈이다. 그날 아이는 내 눈치를 보며 관심을 받으려고 노력했다. 겉보기에는 행동을 개선한 듯 보이지만 마음속에는 또 다른 분노와 불안감을 쌓았을 것이다. 실수이자 실패였다.

시간이 흐르면서 아이를 좀 더 이해하게 되었다. 내 힘과 노력만으로는 안 된다는 것도 깨달았다. 주변 사람들의 도움을 구했고 아이를 위해 기도하기 시작했다. 태하를 '딱한 아이, 내가 도와주어야 할 아이!'로 바라보기 시작했다.

아이를 보는 시선이 바뀌자 아이와 관계가 좋아졌다. 아이와 관계가 좋아지니 아이가 어떤 상황을 못 견디고 어떤 상황에서 분노를 표출하는지 보이기 시작했다. 속으로 정신병이 있는 아이라고 낙인찍었던 그 아이를 자세히 들여다보니 분노라는 괴물이 아이 몸속에서 돌아다니며 괴롭히고 있었다. 빠져나갈 방법을 알고는 있었지만 행동으로 잘 실천이 되지 않아 절규하고 있었다. 가여운 아이의 모습이 눈에 들어왔다. 아이를 보는 관점이 바뀌자 아이에게 하는 말도 달라졌다.

"태하야, 지금 많이 화가 났구나. 짜증과 화를 어떻게 표현해야 할지 몰라 많이 힘들지? 선생님이랑 약속한 방법대로 해 볼까? 너는 할 수 있어. 선생님은 널 믿는다. 그런데 쉽게 되지는 않을 거야. 시간이 많이 걸릴 거야. 그래도 꼭 해낼 것이라 믿어. 선생님이 도와줄게."

과거에는 입에 발린 말을 외워서 했지만 이제는 마음에서 우러나오는 말을 진심으로 전한다. 아이는 믿는 만큼 아주 조금씩 변하고 있다.

내 눈에만 보일 만큼 아주 작은 변화이지만……. 가끔은 나도 다시 예전 모습으로 되돌아간다. 그러면 아이도 내 모습을 보면서 똑같이 예전 습관을 반복한다. 반성하고 돌이키며 좋은 방법을 연습하면서 아이와 나는 함께 성장한다.

태하와 같이 자기 조절 능력이 떨어지는 아이에게는 이런 방법들이 효과가 있었다.

첫째, 아이가 분노하는 상황, 못 견디는 구체적인 장면을 파악한다. 예를 들어 술래가 되고 싶은데 되지 못할 때, 활동 설명을 이해하지 못하고 뒤처져 있을 때, 칭찬과 격려 없이 비난과 지적을 먼저 받을 때, 명령하거나 권위 있는 말투로 이야기할 때, 자신의 이야기에 아무런 반응을 보이지 않을 때 등이 그것이다. 분노하는 상황을 꾸준히 기록하다 보면 공통점을 발견할 수 있다.

둘째, 아이가 분노하는 상황을 미리 예방한다. 아이가 미리 예상할 수 있도록 안내한다. 예를 들어 술래를 뽑을 건데 가위바위보를 해서 지면 술래를 할 수 없다고 이야기하기, 전체 아이에게 활동 과정을 설명하고 자기 조절 능력이 떨어지는 아이에게는 가까이 다가가서 다시 한 번 설명하고 격려하기, 아이의 모습과 존재에 대한 칭찬과 격려를 먼저 한 후 기분이 좋거나 괜찮을 때 지켜야 할 행동을 짧고 간결하게 이야기하기 등이 있다.

셋째, 아이의 목소리에 귀를 기울인다. 화가 날 것 같은 상황, 이미 화가 난 상황에서 지금 어떤 감정이 드는지, 이 문제를 어떻게 해결하면 좋을지 아이의 목소리를 잘 듣는다. 모든 요구를 아이에게 맞추어 주는 것이 아니라 교사의 입장에서 걱정스러운 면과 도움을 줄 수 있는 부분을 차분히 이야기하며 아이와 새로운 방법을 고민한다. 모든 문제를 이런 방법으로 해결할 수 있는 것은 아니지만 이 과정에서 더 좋은 방법을 찾기도 하고, 방법을 찾으면서 아이의 분노가 서서히 풀리기도 한다.

넷째, 행동 수정과 보상을 함께 계획한다. 지금 잘되지 않는 것 중에서 바꾸고 싶은 작은 행동, 노력하면 지킬 수 있는 행동을 함께 결정하고 보상을 약속한다. 예를 들면 이렇다.

□ 행동 목표 : 수업 시간에 돌아다니지 않기, 화가 나면 선생님 옆자리로 와서 편한 의자에 앉기 등

□ 보상 : 다섯 번을 채우면 함께 자장면 먹기, 과자 파티하기 등

이때 잘못된 행동을 지적하거나 비난하는 일은 되도록 하지 않는 것이 좋다. 하지만 잘할 때, 잘못한 행동을 하지 않을 때는 보상을 한다. 그리고 아이의 강점을 지속적으로 칭찬한다. 아이에게는 장점이 많다. 태하에게는 누구보다 열정적이고 용기 있고 유머스럽다는 장점이 있었다. 이 장점을 지속적으로 칭찬하고 인정해서 아이의 자존감을 높여 준다. 그래야 분노 상황으로 깎인 자존감을 회복하고 친구들의 부정적인 평가를 만회할 수 있다. 아이는 안정적인 교우 관계 안에서 분노를 일으

키는 상황을 줄여 나가기 때문이다.

그래도 교사의 노력만으로는 부족함을 느낀다. 이때는 반드시 전문적인 상담을 받아야 하며, 부모를 포함하여 아이를 둘러싼 모두가 함께 아이를 위해 노력하고, 아이를 돕는 훈육 방법을 배워야 한다.

태하는 분노할 때 눈이 뒤집혔다. 눈이 빨개지고 눈동자가 한껏 위로 치켜 올라갔다. 꽤 오랜 시간, 마음에 있는 분노를 전부 꺼내 놓고 나면 다시 천진난만한 아이로 돌아왔다. 눈도 다시 맑아졌다. 이때마다 항상 이 말을 해 주었다.

"태하야, 지금 네 눈동자가 얼마나 맑은지 알아? 정말 예쁘다. 사랑한다. 오늘과 같은 일에 다르게 행동할 것이라고 믿어."

06

친구들끼리의 칭찬은 고래도 춤추게 한다

학부모 상담 주간이 되면 모든 학부모가 빼놓지 않고 물어보는 질문이 있다. 바로 아이의 사회성과 관련된 질문이다. 내 아이가 반에서 친하게 지내는 친구가 있는지, 친구들과 잘 어울리지 못하는 것은 아닌지, 따돌림을 당하지는 않는지 걱정스러운 말투로 물어본다. 특히 저학년에서는 상담 주간이 아니어도 아이의 교우 관계에 대한 상담을 많이 요청한다.

학부모가 하는 걱정은 어떻게 보면 기우이기도 하다. 아이들은 시행착오를 겪으며 관계 맺기를 연습하는 중이기 때문이다. 친구들 사이에서 상처도 받고, 외로움도 느끼고, 자신의 모습도 깨달아 가면서 관계를 맺는 올바른 방법을 터득해 간다. 겪어야 하는 과정을 겪고 있을 때 부모와 교사의 지나친 개입은 연습 기회를 빼앗는 것과 같다. 때로는 아이 편에 서서 지켜보고 공감하고 위로하는 편이 더 지혜롭다. 교실에서 아이들은 주로 친구들과 관계에 문제가 생겼을 때 도움을 요청한다.

"선생님, 영철이가요……"

여기까지만 들어도 영철이를 고자질하러 왔다는 것을 알 수 있다. 아이들은 자기 마음을 좀 알아 달라고 나에게 온다. 친구 때문에 속상하고 화가 났다, 억울하다는 말을 직접 전하지는 못하겠고 선생님이 대신 알아주고 전달해 주기를 원한다. 아이들의 이야기를 잘 들어준 후 마지막에 꼭 이렇게 물어본다.

"그래, 그럼 너는 어떻게 해결하면 좋겠니?"

"아니, 그냥 속상했어요."

"그럼 친구가 어떻게 하면 네 마음이 풀릴 것 같아?"

"아니에요. 뭐 해 주지 않아도 돼요. 이제 괜찮아요."

마음이 풀리고 나면 스스로 관계를 회복한다. 다투었던 친구 옆으로 가서 먼저 말을 걸기도 하고, 미안하다는 한마디나 미안한 눈빛 하나로 마음이 풀리기도 한다. 일반적인 아이들은 그렇다.

정서적으로 문제가 있는 아이들은 친구들과 관계 맺기가 꽤 어렵다. 어렸을 때부터 주변 사람들에게 부정적인 평가를 자주 받은 아이들은 반항적이고 공격적인 성향을 띤다. 주변의 모든 사람을 불신하며 자신이 입은 피해를 과장하기도 한다.

아이 입장에서 보면 참 억울하다. 일부러 나쁘게 행동한 것이 아니라 그냥 생각나는 대로 행동했을 뿐인데 못된 아이라고 늘 비난받는다. 아이의 문제라면 생각이나 감정을 여과하지 않은 채로 표현한 것뿐이다. 어떤 상황에서든, 누굴 만나든 나라는 존재는 늘 혼나고 비난받고 피해를 준 사람이 되어 있다. 이 아이들 마음 상태는 어떨까. 이 아이들의 마음을 알아주는 사람이 과연 있을까.

내가 만난 아이들도 그랬다. 아이들의 삶은 치열해 보였다. 항상 불안한 상태에서 누군가 자신을 조금이라도 부정하면 쌓여 있던 분노를 한꺼번에 터뜨렸다. 자라면서 누적된 비난과 평가는 아이의 성격과 자존감에서 또 다른 문제를 낳았다.

내가 지켜본 정서적인 문제아들은 모두 자존감이 낮았다. 아이들은 친구들 사이에서 안정되게 소속하고 싶어서, 자존감을 얻고 싶어서 모든 에너지를 쏟았다. 친구들과 자주 다투고 장난 삼아 괴롭히면서 관심을 끌었다. 친구들에게 인정받고 싶지만 잘 안 되니 자신이 관심을 끌수 있는 다른 방법을 찾은 것이다. 괴롭히기, 방해하기, 끼어들기 등의 방법으로 관심과 이목을 한 번에 받으려고 애썼다.

『학급긍정훈육법』에서는 의미 있는 존재들과 연결되어 있다는 느낌을 소속감, 자신이 중요한 존재로 여겨지고 있다는 느낌을 자존감이라고 설명한다. 학생들은 소속감과 자존감을 느낄 때 자신이 안전하다고 느끼며, 반대로 이것이 부족할 때는 생존을 위해 '어긋난 목표 행동'을 하게 된다는 것이다. 어긋난 목표 행동에는 지나친 관심 끌기, 힘의 오용, 보복, 무기력 등이 있다. 이 아이들은 어긋난 목표를 위해 잘못된 방법을 선택했고, 여러 번 반복한 행동은 아이들의 습관이 되었다.

나와 반 아이들은 점점 지쳐 갔다. 언제까지 수업을 방해하는 것을 두고 보아야 하는지, 언제까지 억지를 부리고 소리 지르며 교실 물건을 뒤엎는 행동을 참아야 하는지 아이들의 속도 곪아 가고 있었다. 자신이 피해를 입었는데 오히려 사과해야 하는 상황이 생기고, 함께하기 싫어도 그 친구가 짜증내고 분노할까 봐 눈치를 보아야 했다. 모둠 활동을 할 때면 자기 마음대로 하거나 전혀 참여하지 않아서 곤란한 상황도 자주 생겼다. 아이들은 점점 세 아이와 함께 어울리기를 꺼렸다. 같은 모둠이 되는 것을 싫어했고, 쉬는 시간에 게임을 함께하지 않았다. 하루는 진지하게 고민했다.

'정서적인 문제가 있다고 해서 계속 이해하고 용서하고 보듬어 주어야 할까? 이것이 정말 아이들을 돕는 길일까? 같은 반 아이들에게는 도대체 언제까지 배려해 주기를 바라야 할까?'

아이들의 정서적인 문제를 정확히 몰랐을 때, 아이들 습관을 고쳐야겠다는 결심은 이미 실패한 적이 있다. 아이들이 일부러 하지 않는 것이 아니라 정말 안 되는 것인데 그것을 몰랐다. 집중하지 않는 것이 아니라 안 되는 것이었고, 분노 조절과 감정 조절이 잘 안 되는 것이었으며, 친구 입장과 감정도 잘 느끼지 못했다. 이런 아이들은 짓누르고 통제할수록 더욱 어긋났다. 아이들의 반항과 피해 의식은 극에 달했다.

아이들의 문제를 정확하게 이해하고 난 후에는 아이들을 있는 그대로 인정하기로 했다. 무리하게 요구하지 않고 아이들을 이해하고 품어 주기로 했다. 아이들과 관계는 더 나아졌지만 잘못된 습관은 여전했다. 나는 아이들이 조금이라도 변화하고 성장하기를 바랐다. 아이들을 바꾸려는 욕심이 아니라 진심으로 도와주고 싶었다. 누구나 노력하면 변화하고 성장할 수 있다는 것을 느끼게 해 주고 싶었다. 주변 친구들과 사람들에게서 비난이 아닌 인정을 받게 하고 싶었다. 그래야 낮은 자존감이 조금이라도 회복될 수 있다고 믿었다. 하루는 세 아이를 불렀다.

"얘들아, 선생님이랑 너희들이랑 자기가 가진 습관을 바꾸려는 노력을 해 보자. 선생님이랑 행동 계약서라는 것을 쓰자."

"그게 뭐예요?"

"엄청 좋은 거야. 다 지키면 너희들이 원하는 것을 할 수 있어."

"우와, 나 그럼 피자 먹어야지."

태하가 먼저 잔뜩 기대하며 반응을 보였다.

"근데 뭘 하는 건데요?"

영특한 창민이가 어떻게 하면 그 좋은 일이 생기는지 물었다.

"너희들 습관 중에 잘 바뀌지 않는 것이 있지?"

"어, 나 막 화내고 부수고 친구들 때리고 하는 거요."

천진난만한 표정으로 태하가 말했다. 속은 있는지 멋쩍은 웃음을 지으며 장난치듯이 말했다.

"그중에 네가 가장 바꾸고 싶은 행동 한 가지만 정해 봐."

그러면서 종이와 사인펜을 나누어 주었다.

"이제 종이에 계약서를 써 보자."

"나 ○○이는 (지킬 일 약속)하겠습니다. 그리고 동그라미 다섯 개를 그려 봐. 그다음 다 이루면 하고 싶은 일, 쓴 날짜, 사인까지. 다 했니?"

아이들은 자기가 지킬 수 있을 만한 일을 적었다.

- 나 태하는 수업 시간에 돌아다니지 않겠습니다. ○○○○○ 원하는 것
  : 피자

- 나 경민이는 수업 시간에 돌아다니지 않겠습니다. ○○○○○ 원하는 것
  : 피자

- 나 창민이는 화가 나면 마음속으로 열을 세겠습니다. ○○○○○ 원하는 것
  : 과자

아이들은 하루 이틀 노력하는 모습을 보였다. 그러다 다시 원래 습관대로 행동하기도 했다. 실패했을 때는 아무 말도 하지 않았다. 그러나 해냈을 때는 칭찬하고 격려했다. 동그라미가 잘 채워지지 않을 때는 일부러 후하게 평가를 해서 동그라미를 채워 주기도 했다. 어떤 날은 아이 자신도 모르게 목표를 이룬 날도 있었다. 화낼 일이 전혀 없거나 온종일 몸을 움직여 활동하는 날이었다. 그런 날에도 놓치지 않고 동그라미를 채워 주었다. 세 아이는 서로 동그라미가 몇 개 남았는지 물어보며 경쟁하기도 했다. 몇 주 후, 아이들은 동그라미를 다 채웠다. 아이들을 불러

모았다.

"얘들아, 동그라미를 다 채운 걸 축하해. 이만큼 너희들이 변화했다는 뜻이야. 노력했다는 뜻이기도 하고. 선생님은 너희들이 자랑스럽다. 고마워. 그럼 약속한 선물을 줄게. 음, 우리끼리만 먹을까? 아니면 그동안 너희들이 변하기까지 도움을 준 우리 반 친구들과 함께 먹을까?"

"음, 친구들이랑 과자 파티해요."

그다음 주 월요일, 깜짝 과자 파티를 열었다. 변화한 세 친구를 축하하는 파티였다. 아이들은 뜻밖의 선물에 기뻐했다.

"우와! 과자 파티다."

"이 파티는 세 친구들이 선생님과 약속을 정하고 지켰기 때문에 하는 거예요. 이 친구들에게만 약속한 선물을 주기로 했는데 친구들이 우리 반 전체와 같이 하고 싶다고 부탁해서 선생님이 기쁜 마음으로 준비했어요."

아이들은 싱글벙글 웃었다.

"야, 우리 때문에 하는 거야."

솔직한 경민이는 내 덕분에 너희들이 과자를 먹는 것이라며 큰소리를 쳤다.

"경민이 말이 맞아요. 그런데 경민이와 친구들이 변하기까지 여러분이 많이 이해해 주고, 도와준 것을 선생님은 알고 있어요. 우리 반 친구들 모두에게 정말 고마워요."

갑자기 한 아이가 큰 소리로 말했다.

"근데, 맞아. 진짜 태하 많이 변했어. 요즘에는 실수하면 미안하다고 먼저 말해."

다른 아이도 거들었다.

"야, 창민이도 그래. 요즘 화내는 것을 본 적이 없어. 좀 신기해."

경민이 칭찬도 이어졌다.

"경민이는 요즘 돌아다니지도 않고, 힘들어도 끝까지 해. 인내심이 생겼어."

여기저기서 세 아이에 대한 인정과 칭찬이 쏟아졌다. 내게 받은 수십 번의 인정보다 친구들에게서 받은 한마디의 인정이 세 아이의 마음을 흔들었을 것이다. 그렇게 친구들에게서 받은 상처는 친구들의 인정으로 치유되었다.

07

아이들의 마음 상처, 그것이 알고 싶다

나는 쉬는 시간이나 급식 시간에 아이들과 자주 이야기를 나누는데, 그때가 되면 아이들은 저마다 힘들다고 말을 한다.

"선생님, 저 요즘 엄청 힘들어요."

"왜? 무슨 일 있어?"

"학원 숙제가 너무 많아요. 그리고 학원 끝나고 나면 6시 넘어서 집에 들어와요."

초등학교 고학년 아이들의 말이 아니다. 초등학교 2학년의 삶이다.

사실 나는 아이들의 삶은 어른들의 삶과 완전히 다르다고 생각했다. 어른만큼 걱정할 것도 없고 책임져야 할 것도 없으니 무슨 걱정이 있겠어, 부모가 하는 말 잘 듣고 학교에서 열심히 공부하면 되지 않나? 아이들의 삶은 단순하고 쉽다고 생각했다.

그런데 가끔 아이들 이야기를 듣다 보면 아이들의 삶이 나보다 더 힘들 수도 있겠다는 생각이 든다. 아이들에게 자유 시간이란 없다. 하교 후 저녁 6시까지 학원에 있다가 집에 돌아와서 밥을 먹는다. 씻고 숙제를 하고 조금 쉬다 보면 어느덧 잘 시간이다. 적어도 두 아이를 키우는 엄마인 나는 5시면 집에 도착하고 아이들과 저녁 산책을 할 여유쯤은 있다.

내 생각은 잘못되었다. 아이들도 어른만큼 힘들다. 매일 삶 속에 아이들 나름의 고민과 걱정이 있고, 상처도 있다. 아이가 느끼는 고통의 크기도 크고 무겁다. 아이도 어른과 같은 감정을 느끼며 무게를 견딘다. 오히려 아이이기 때문에, 약한 존재이기 때문에 더 힘이 들 수도 있다.

그렇다면 무엇이 아이들의 삶을 힘들게 하는 것일까? 내가 만난 아이들의 어려움은 주로 가정과 연결되어 있었다. 아이들은 부모의 영향을 받아 그 모습과 문제를 빼닮기 마련이다. 부모가 힘들어하는 문제를 아이도 힘들어하고, 부모가 해결하지 못하는 문제를 아이도 해결하지 못한다. 화가 나면 어찌할 바를 모르는 아이의 모습 속에 부모의 모습이 있었다. 삶의 어려운 시기를 지나고 있는 아이 부모는 아이가 보는 앞에서 자주 다퉜다. 학교에서 욕하고 소리 지르고 물건을 부수던 모습은 아이가 가정에서 겪은 두려움과 아픔이었다. 아이가 눈으로 보고 가슴에 새긴 상처는 부모와의 동일시를 통해 친구들 사이에서 드러난다. 고통을 온몸으로 표현하는 그 아이가 안쓰럽고 안타까웠다.

우리 반에는 눈물을 자주 흘리는 아이가 있었다. 학기 초 아이가 나 때문에 속상하다고 울기 시작했다.

"영철아, 무슨 일이야? 선생님이 널 속상하게 했어?"

어깨를 들썩이며 흐느꼈다.

"으앙 선, 선생님이 내가 여러 번 불렀는데도 대답하지 않았잖아요."

"그랬니? 선생님이 몰랐어. 미안해."

영철이는 목 놓아 울었다. 당황스러웠다. 스무 명이 넘는 저학년 아이들을 대하다 보면 동시에 대답하고 반응하기가 어렵다. 이때 대부분의 아이들은 잠시 기다렸다가 다시 말을 꺼내거나 상황을 이해하고 아무렇지 않게 넘긴다. 그런데 영철이는 아니었다. 자기가 불렀는데 대답하지 않았다며 서럽게 울었다. 우는 아이를 보며 무슨 사정이 있을 것이라고 생각했다.

우연히 영철이 가정사를 건너 듣게 되었다. 영철이 어머니는 베트남에서 오셨다고 한다. 학기 초에 조사한 학생실태조사서에는 어머니 이름이 한글로 적혀 있어서 전혀 예상하지 못했다. 이 사실을 알고 나니 영철이가 왜 그렇게 서럽게 울었는지 이유를 알 것 같았다. '왜 내 말을 들어 주지 않아요. 답답해요, 엄마.' 그동안 어머니에게 느꼈던 답답함이 나에게 투사된 것이다.

영철이의 아버지도 그 아이가 자주 눈물을 보이는 이유 중 하나였다. 아버지는 아주 무서웠다. 가끔 숙제나 준비물을 확인해 달라는 연락을 하고 난 다음 날이면 영철이는 어김없이 집에서 매를 맞고 왔다. 나는 그 이후로 영철이 칭찬 외에는 따로 연락을 하지 않았다. 말이 잘 통하지 않는 엄마와 마음이 잘 통하지 않는 아빠 사이에서 영철이가 할 수 있는 일은 우는 것뿐이었다. 아프고 속상한 마음, 답답한 마음을 눈물로 표현하고 있었다. 눈물을 참을 수 있을 만한 내면의 힘이 전혀 없었다.

아이들에게는 가정사 말고도 공부의 상처가 있다. 남들보다 못한다는 말을 들을 때 견디지 못하는 아이들이 참 많았다. 저학년 담임을 맡았을 때, 한글을 깨치지 못하고 온 아이가 두 명 있었다. 국어 시간에 교과서에 나온 글을 한 문장씩 소리 내어 읽었다. 소리 내어 읽는 음독은 우리 반에서 자주 하는 활동이었다. 더듬더듬 읽는 두 명의 아이가 읽을 차례가 되면 다른 아이들은 한숨을 내쉬었다. 한 글자 한 글자 읽는 데 많은 시간이 걸렸기 때문이다.

"숲, 속, 에, 길, 이, 생, 겨, 씀, 니, 다."

두 아이는 한 글자씩 소리 내어 읽었다. 답답한 마음에 한 친구가 소리쳤다.

"아, 또 샛별이야? 빨리 좀 읽어."

"숲 속에 길이 생겼습니다. 이렇게 읽으면 되잖아!"

아이들은 친구들의 말을 듣자마자 눈물을 글썽이거나 자리를 박차고 일어났다. 아이들에게는 못한다는 말이 상처이자 수치심이었다. 나는 주로 두 아이의 편이 되어 주었다.

"두 친구는 지금 노력하는 중이에요. 이 친구들은 글을 읽고 쓰기를 어려워해요. 우리는 또 다른 부분에서 어려움을 느끼잖아요? 샛별이만큼 역할극을 못하기도 하고, 현민이만큼 달리기를 못하기도 해요."

내 말을 이해했는지 아이들은 두 친구가 읽는 차례가 되면 다 읽을 때까지 아무 말 하지 않고 기다려 주었다. 그리고 어려운 낱말은 작게 소리 내어 읽어 주기도 했다.

전체 아이들이 있을 때는 그 아이 편에서 격려하지만, 개인적으로 불러서 이야기를 나눌 때는 꾸준히 노력해야 한다고 말한다. 노력하지 않으면 발전할 수 없고, 못하면 비난받을 수밖에 없기 때문이다.

"현민아, 지금 많이 속상하지? 힘들더라도 지금 마음 잊지 마. 네가 더 노력하지 않으면 계속 이 말을 듣게 될 거야."

한 명의 아이와는 부모의 동의를 구해 일주일에 세 번씩 한글 공부를 했다. 짧은 시간, 꾸준히 한 공부는 효과가 있었다. 둘이 있을 때는 항상 아이에 대한 큰 기대감을 표현했고, 노력에 고마움을 표시했다. 아이는 점점 실력이 늘었다. 수업 시간에 모르겠다는 말을 입에 달고 살던 아이는 어느새 스스로 활동을 마무리하는 아이로 성장했다.

수학을 어려워하는 아이들은 선생님이나 친구들이 틀렸다고 말할 때마다 얼굴을 붉혔다. 어느 날은 눈물을 글썽이기도 했다. 아이들은 언제든 틀렸다는 말을 들으면 괴로워했다. 틀린 것은 틀렸다고 해야 하는데 나는 아이들의 눈치를 보며 말하기를 주저했다. 틀렸다는 말 대신 다시 생각해 보자고 돌려 말하기도 했다.

틀렸다는 말을 너무 아파하는 아이들, 무엇이 잘못되었는지 곰곰이 생각해 보았다. 정말 공부가 상처를 주는지, 틀렸다는 말을 못 견디는 아이가 문제인지, 절대 틀려서는 안 된다고 말하는 사람들이 문제인지 말이다.

'틀리다'는 말의 사전적인 의미는 셈이나 사실 따위가 그르게 되어 있거나 어긋나다, 계산이나 일 따위가 어긋나거나 맞지 않다는 뜻이다. 아이들에게 때에 따라서는 틀리다는 말을 해야 한다. 아이들은 왜 이렇게 이 낱말에 민감할까?

아이들에게 틀리다는 말은 어떤 의미가 더해져 있기 때문이다. 누군가의 비난, 수치스러웠던 경험, 실망감, 좌절을 느꼈던 경험이 이 말 속에 담겨 있다. 누가 아이들에게 이 말을 상처로 받아들이게 만들었을까? 점수와 정답만을 강요한 아이의 주변 사람들, 절대 틀리면 안 된다고 말한 사람들이 아닐까? 나는 아이들에게 의도적으로 자주 이렇게 말한다.

"틀려도 괜찮아."

"틀릴 수 있어."

"틀리는 건 자연스러운 거야."

"틀리는 건 잘못이 아니야."

그러고는 마지막에 이 한마디를 꼭 덧붙인다.

"대신 다시 도전해 보자. 다시 노력해 보자."

다시 도전해서 성공한 아이들에게는 더 큰 칭찬과 격려를 한다.

"실패해도 다시 도전하고 노력할 줄 알면 반드시 성공한단다. 네가 기대된다."

나 자신에게 무슨 일 때문에 힘드냐고 물어보면 보통은 내가 주로 시간을 보내는 가정과 학교 일 때문이라고 말할 것이다. 아이들도 그렇다. 아이들이 가장 많은 시간을 보내는 곳에서, 자주 만나는 사람들에게서 상처를 받는다. 아이들은 가정과 학교, 학원에서 상처를 받는다. 그곳에서 함께 지내는 부모, 교사, 친구들에게서 말이다.

아이들의 삶이 행복해지려면 상처를 주는 곳이 행복을 주는 곳으로 바뀌면 된다. 고통을 주는 사람들이 기쁨을 주는 사람들로 변하면 된다. 설령 그 상황이 변하지 않더라도 만족할 줄 알고 기뻐할 줄 아는 아이 자신이 되면 된다. 내가 만나는 아이들이 행복했으면 좋겠다. 나는 그런 교사가 되려고 노력할 것이다.

08
아이들의 공부 상처, 그것도 알고 싶다

아이들은 국어, 수학 등 주요 교과를 학습하는 것이 공부라고 생각한다. 외우거나 쓰거나 문제를 푸는 일이 아니면 공부라고 생각하지 않는다. 아이들에게 공부란 지루하고 힘든 것이어야 한다. 교사도 학부모도 마찬가지다. 공부의 모양새를 갖추지 않은 것은 공부라고 생각하지 않는다. 어렵게 배우고, 시간을 들여 외우고, 문제를 풀어야 공부했다고 생각한다. 공부의 결과는 곧 시험 점수라고 믿는다. 아이들의 수많은 모습을 종이 한 장의 문제로 평가하려는 것이다. 결과 중심 평가, 일제 고사가 그런 평가다. 외울 필요가 없는 지식을 외우고 반복해서 문제를 푸는 데 시간을 쏟게 만드는 평가, 시험이 끝나면 자동으로 잊어버리는 지식을 밤을 새워 가며 머릿속에 집어 넣게 만드는 평가, 사라질 지식을 더 많이 모으려는 평가다.

학교의 평가는 변하고 있다. 결과 중심 평가에서 과정 중심 평가로, 성장 중심 평가로, 수시 평가로, 학생들의 다양한 모습을 보는 평가로 바뀐다. 미래 사회에서는 데이터양으로는 절대 기계를 이길 수 없다. 지식을 얼마나 많이 소유하고 있느냐가 아니라 지식을 처리하고 융합할 수 있는 능력이 있느냐가 중요한 시대다. 지식을 확인하는 평가가 사라지는 이유이기도 하다.

교육에서 가장 민감한 '평가'에 손을 댔다는 것은 그만큼 평가의 변화가 시급하고 중요하다는 의미일 것이다. 안타깝게도 교육 정책은 변화를 선언했지만 변화의 주체들은 아직 필요성을 느끼지 못하는 것 같다. 기존의 평가 방식에서 벗어나야 하는 이유를 공감하지 못하며, 어떻게 벗어나야 하는지도 잘 알지 못한다. 변화에 막연한 불안과 두려움은 물론 거부감까지 보이기도 한다. 학생, 학부모, 교사 모두 마찬가지다.

"선생님, 왜 단원 평가를 하지 않으세요?"

학부모 상담 주간에 여러 학부모에게 받은 질문이다. 부모들은 아이가 얼마만큼 알고 있는지, 주어진 시간에 정해진 분량의 문제를 빠르고 정확하게 풀어낼 수 있는지에 관심이 많다. 대학 입시 제도가 변하지 않는 한 평가에 대한 인식이 쉽게 변하지는 않을 것이다.

평가의 본질은 진단과 피드백이다. 아이가 얼마나 알고 할 수 있는지 진단하며 적절한 정보를 제공하여 개별적인 성장을 돕는 것이다. 아이가 어려움을 느끼는 순간에 말이다. 이것은 수업 안에서 진행해야 한다는 것을 의미한다. 솔직히 고백하면 교사로서 나도 아이들을 서열화하고 구분하려고 평가를 이용했다. 평가를 위해 시험 전에 지식을 다시 상기시키고 수업 시간에 언급하지 않은 내용들을 갑자기 언급하기도 했다. 한마디로 평가와 점수를 목적으로 공부하게 했다. 평가의 목적은 서열화였다. 평가 이후에 하는 피드백은 틀린 문제를 다시 풀어 보고 방학 때 보충이 필요하다고 가정에 안내하는 정도였다. 중간 평가나 학기말 평가를 하기 전이나 후에는 항상 이런 회의가 들기도 했다. '이런 의미 없는 짓을 왜 하지? 나도 애들도 시간 낭비, 노력 낭비다.'

학생과 학부모, 교사는 왜 본질에서 벗어난 평가에 집착할까?

입시 제도 안에서는 시험에서 고득점을 얻는 사람이 좋은 대학을 간다. 좋은 대학은 남들이 부러워하는 직업군이나 직장을 보장한다. 좋은 직장은 높은 수입을 보장하고, 수입이 높은 삶이 곧 행복한 삶이라는 생각은 암묵적인 믿음이 작용한 결과다.

사람들은 행복에는 정답이 있고, 행복으로 향하는 획일적인 길도 있다고 여긴다. 아이가 가진 수많은 생각의 가지를 쳐 내고 재능의 방향을 돌려 억지로 그 길에 서도록 한다. 그리고 오직 그 길만 걷게 한다. 이렇게 훈련된 아이들은 유독 정답과 점수에 집착한다. 자신이 무엇을 잘 모르는지가 아니라 점수를 궁금해 한다. 점수에 웃고 점수에 운다. 점수 때문에 스스로 목숨을 끊기도 한다.

나도 수학 과목만큼은 단원 평가를 본다. 학부모들이 신경 쓰이기도 하고 기본 연산은 반복 연습이 필요하기 때문이다. 하지만 정해진 시간

동안 누군가가 만들어 놓은 문제를 모두 풀게 하지는 않는다. 수업 시간에 배우지 않았던 내용은 빼고, 성취 기준과 관련된 문제 위주로 풀게 한다. 가끔은 20문제 중에서 10문제를 스스로 골라 풀게 하기도 하고, 내가 선택해 주기도 한다. 단원 평가를 보고 나면 몇몇 아이는 나에게 와서 꼭 이렇게 물어본다.

"선생님, 하나 틀렸으니까 몇 점이에요? 95점 맞아요?"

"선생님이 점수는 안 썼는데, 점수를 알고 싶어?"

"네, 몇 점인지 알고 싶어요."

나는 아이들 시험지나 과제에 점수를 매기지 않는다. 틀린 것은 틀린 것, 맞은 것은 맞은 것으로만 표시해서 돌려준다. 틀린 문제는 스스로 다시 생각해서 풀거나 친구의 도움을 받게 한다. 아이가 정말 이해했는지 확인한 후에는 다시 동그라미를 표시해 준다. 반에서 두세 명을 제외하고는 모두 100점인 평가지를 들고 집으로 돌아간다. 틀린 문제를 다시 풀어 온 아이는 반드시 격려하고 칭찬한다.

"다시 고민해서 이 문제를 해결할 수 있으면 아는 거예요."

"선생님은 다시 도전한 사람들이 정말 자랑스러워요."

"이 사람들에게는 도전과 열정의 미덕이 있어요!"

그러면 아이들 표정이 밝아진다. 집으로 돌아가서 부모에게 평가지를 내밀 때도 아마 당당할 것이다. 틀린 문제가 있었지만 다시 풀 수 있는 사람이 되었다고 말할 것이다. 선생님이 100점에 더해 도전상, 열정상까지 주었다고 우쭐댈지도 모른다.

내가 이렇게 하는 이유는 아이들이 다시 도전하는 삶을 배웠으면 해서다. 실패하더라도 다시 도전하고, 도전해서 성취하는 기쁨을 맛보게 하고 싶다. 다시 해낼 수 있다는 자신감도 느끼게 하고 싶다. 실패와 실수가 끝이 아니라 만회할 수 있는 기회가 얼마든지 있다는 것을 알려 주고 싶다. 아이들은 내 바람처럼 다시 도전하고 노력하는 모습을 보이기 시작했다. 시험지 앞에서 많이 실망하거나 걱정하지 않았다. 다시 도전할 기회가 있다는 것을 알기 때문이다. 아이들은 더 이상 점수가 몇 점이냐고 묻지 않는다.

국어 문제를 풀려고 교과서 글을 암기하듯 읽는다면 얼마나 지겨울까? 곤충의 이름과 특징을 기억하려고 곤충을 공부한다면 얼마나 재미없을까? 학원에서 배워서 다 아는데 다시 배워야 하는 시간은 얼마나 지루할까? 아이들은 평가라는 족쇄에 매어 있다. 평가를 위한 배움은 재미없고 지루하다. 생각을 깊고 넓게 할 수 없는 배움이며, 평가 기준과 답에 생각을 끼워 맞추어야 하는 수렴적인 배움이다. 아이들의 눈빛, 의욕, 생각, 흥미, 동기 등 모든 것이 죽어 있는 죽은 배움이다.

나는 살아 있는 교실을 만들고 싶다. 배움이 즐거운 교실을 만들고 싶다. 생각하는 아이들을 기르고 싶다. 아이들에게 배움이 삶을 변화시키고, 배움이 자신을 성장시키고, 자기 자신을 행복하게 해 준다는 것을 깨닫게 하고 싶다. 죽은 배움에서 벗어나려면 기존 평가에서 벗어나야 한다. 기존 평가에서 벗어나려면 좋은 대학, 좋은 직장의 기준에서 벗어나야 한다. 좋은 대학과 직장에 연연하지 않으려면 세상이 정한 행복의 정의에서 벗어나야 한다. 외부에서 주어지는 것들에서는 진정한 만족과 행복을 얻을 수 없다. 만족은 채워지는 것이 아니라 내면에서 만들어 가는 것이다.

죽은 배움, 구시대적 평가, 좋은 조건, 사람들이 정의한 행복에서 벗어나서 진정한 자신을 찾아야 한다. 내가 좋아하는 것, 내가 좋아하는 일, 내가 자주 하는 생각, 내가 행복한 순간을 찾아야 한다. 주변 사람들이 아이의 개성을 존중하고, 아이가 좋아하는 일을 할 수 있도록 믿어 주고 이끌어 주어야 한다. 삶에 정답은 없다. 그러니 아이들의 삶에도 정답이 있는 것처럼 잘못된 생각을 주입하지 않았으면 좋겠다. 아이들의 삶을 믿고 지지하는 부모와 교사가 많아졌으면 좋겠다.

"네 삶이니 네가 가장 행복할 수 있는 길을 찾아봐. 널 믿는다."

아이들의 마음 상처 처방전

10월의 어느 날, 수업 시간을 다 채우지 못한 채 울며 소리 지르는 아이를 어르고 달래서 학년 연구실로 데리고 갔다. 아이는 울부짖는 수준을 넘어 포효하기 시작했다. 나는 의자에 앉아 날뛰는 아이 앞에서 아무것도 해 줄 수가 없었다. 마음이 아팠다.

"엄마가 날 낳은 것을 후회하면 어떡해요. 내가 친구를 때리고 소리 지르고 물건을 차니까 엄마가 슬퍼해요. 아, 미치겠네! 나 낳은 것 후회하면 어떡해요. 선생님, 나 소리 질러서 약 먹는 거예요?"

많이 힘들면 실컷 울라고, 힘들면 마음껏 소리 지르라고 아이에게 말해 주었다. 아이는 힘들고 고통스러운 감정을 온몸으로 쏟아 냈다. 아이 옆에서 내가 할 수 있는 일은 고작 따뜻한 물 한 잔 챙겨 주고 손에 휴지를 쥐어 주는 것뿐이었다.

잠시 후 눈물이 잦아들자 아이에게 말을 건넸다.

"태하야, 네가 매주 상담하러 가고 매일 약을 먹는 것이 이상하다고 생각하니?"

아이는 눈망울에 눈물이 고인 채 나를 바라보며 고개를 끄덕였다. 태하는 그동안 했던 상담이 효과가 없어 2학기 들어 정신건강의학과에서 종합심리검사를 실시했고, 그 결과 ADHD 복합형에 분노 조절, 감정 조절에 어려움이 있다는 진단이 나온 상태였다. 부모님은 바로 약 복용을 하기로 결정했다.

"음……."

괜찮다는 말은 차마 할 수가 없었다. 어떤 말이 아이에게 위로가 되고 힘이 될지 망설여졌다. 내 이야기를 꺼냈다.

"음, 태하야. 사실은 선생님도 1학기에 약을 먹은 적이 있어. 몰랐지?"

"진짜요? 제 것이랑 똑같아요?"

"비슷한 거야. 선생님도 스트레스를 너무 많이 받아서 감정 조절을 잘 못해 힘들었거든. 그래서 병원에 가서 진료를 받고 약 좀 달라고 했어."

태하가 약을 복용하고 2주간은 평온했다. 점차 약 복용량을 늘려가고 있다 했다. 2주가 지나자 아이는 예전 모습을 다시 보이기 시작했다. 자신이 약을 먹는다는 사실을 받아들이기 힘들어했다. 왜 약을 먹어야 하는지, 정말 내가 이상한 사람인가 하는 정체성을 고민하는 지경에까지 이른 것이다. 아이에게 무슨 말을 할까 몇 날 며칠을 고민했다. 내가 그토록 힘들어했던 1학기 이야기를 꺼냈다. 그 이야기를 하면서 태하에게 이 말을 꼭 해 주고 싶었다.

"태하야, 선생님이 하고 싶은 말은 이러해. 너랑 선생님이 약을 먹었던 이유는 더 잘해 보려는 '선한 마음'이 있었기 때문이야."

아이는 대답하지 않고 묵묵히 듣기만 했다. 울부짖는 데 에너지를 다 쓴 것 같았다.

"나아지고 싶지 않은 사람은 노력하지 않거든. 근데 태하는 어때? 지금 나아지려고 노력하는 거잖아? 그래서 선생님은 네가 너무 고맙고 대견해."

아이의 마음이 조금 누그러진 듯 보였다.

"그리고 너 자신을 오해하고 있을 것 같아서 선생님이 한 가지 알려줄게. 태하처럼 자기가 좋아하는 일에 엄청 집중을 잘하는 사람들이 옛날에도 있었어. 그중에는 위대한 사람도 많아. 혹시 에디슨이라는 위대한 사람을 알고 있니?"

"에디슨이요? 네."

"에디슨, 아인슈타인, 수영 선수 마이클 펠프스, 월트 디즈니 등도 모두 태하와 비슷한 특성을 가지고 있었대. 몰랐지?"

"진짜요?"

"그럼 진짜지. 너도 나중에 네가 좋아하는 분야에서 그렇게 위대한 사람이 될 수 있어. 선생님은 그렇게 믿어."

아이는 눈물을 닦고 따뜻한 물을 마신 후 교실에 돌아왔다. 늘 그랬

듯 감정의 응어리가 다 풀어지고 나면 평온함을 되찾았다. 때 묻지 않은 아이의 눈망울처럼 깨끗하고 맑은 눈빛이었다.

과거에도 ADHD, 분노조절장애가 있는 아이와 생활한 적이 있었지만, 그 아이들은 약을 이미 복용 중이었거나 상담 치료만 진행했었다. 약을 복용하기 시작하고 받아들이는 과정을 지켜본 것은 이번이 처음이었다. 태하가 힘들어하는 과정을 지켜보면서 마음이 미어졌다. 태하 어머니도 많이 힘들어했다. 어느 날 태하가 어머니에게 이렇게 물었다고 한다.

"엄마, 나 정신 병원 가니까 정신이 이상한 거예요?"

아이의 말을 들은 어머니는 어떻게 그 순간을 참고 견뎠을까. 아이는 그 말을 하면서 얼마나 혼란스러웠을까. 아이와 어머니에게 해 줄 수 있는 것이 정말 아무것도 없었다. 그동안 '약 먹는 아이'라고 별 생각 없이 가볍게 말했던 스스로가 부끄러웠다.

한 교실에 약 먹는 아이, 비정상인 아이, 정신적으로 문제가 있는 아이, 교사의 손을 벗어난 아이가 적어도 10% 정도 있다. 교사 입장에서 이 아이들을 1년간 데리고 생활하는 일은 굉장히 버겁고 힘들다. 반 아이들도 마찬가지다. 어떤 선생님은 오늘 약 안 먹고 왔느냐는 말이 입밖으로 튀어나올 뻔한 적이 한두 번이 아니라고 했다. 뇌혈관이 터질 것 같았다고도 했다. 지옥도 이런 지옥이 없다고 했다. 나도 이런 특성이 있는 아이들과 지내보았기 때문에 이 심정에 백배 공감한다. 나도 같은 생각을 했었다. 그래도 퇴근하고 나면 이상하게 아이가 생각났다. 나를 견딜 수 없게 만들었던 아이를 생각하다 보면 결국 짠하고 안타깝고 불쌍하고 사랑스러운 아이가 되었다. 내 도움이 간절한 아이로 결론이 났다. 어떤 날은 나 없이는 절대 안 되는 아이라는 사명감을 스스로에게 세뇌시키며, 힘든 마음과 상황을 넘겼다.

태하보다는 덜하지만 모둠 활동에 거의 참여하지 않고, 친구들과 관계 맺기를 어려워하는 아이가 있었다. 화가 나면 소리를 지르고 눈물을 보이며 주먹으로 책상을 쳤다. 참을 수 없는 감정을 한꺼번에 쏟아 놓는 것처럼 보였다. 태하와 어떤 부분에서는 닮아 있었다. 다른 점이라면 2학기 들어 굉장히 안정된 것 같았는데 학기 말이 되면서 유독 힘들어했다는 것이다. 가정의 영향이었다. 아이는 많이 외롭고 버거운 삶을 살고 있었다. 엄마도 최근에 직장 일을 시작하면서 아이에게 소홀해진 것 같았다. 이제 겨우 아홉 살인 인호는 방과후 두세 시간을 집에 혼자 있거나 집 앞에서 혼자 그네를 탔다. 엄마가 바쁠 때는 가끔 일곱 살짜리 여동생을 데려왔고, 아빠는 주말에나 집에 왔다. 인호는 학교에서도 외롭고, 가정에서도 외로운 아이였다. 학교에서 외롭고 힘든 감정을 부모 품 안에서 풀어야 하는데 오히려 부모를 도와 동생을 돌보거나 혼자 멍하니 있어야 했다. 아침에 오자마자 늘 멍하니 앉아 있는 아이의 모습이 이제야 이해가 되었다. 아이와 이야기를 나누고 처방을 내렸다. 약속도 했다.

"첫째, 네가 가장 편한 친구와 어울릴 수 있도록 선생님이 은근슬쩍

도와줄 거야. 그 친구와 친하게 지내면서 다른 친구를 사귀는 연습을 해 보자. 둘째, 방과후에 심심하면 교실에서 선생님에게 이야기도 하고 놀다가 가. 한글 공부하는 친구들도 있으니까 자연스럽게 친해지면서 이야기를 나누어 보자."

키가 크고 덩치도 큰 인호가 내 품에 살포시 안겼다.

아이들은 많이 아프다. 과격한 행동과 분노 안에는 감정 덩어리가 얽히고설켜 있다. 정서적인 문제 행동을 보이는 학생만 그런 것이 아니다. 사실 모든 아이가 다 그렇다. 드러나지 않거나 드러내지 않는 것뿐이다. 겉으로 드러나는 아이는 오히려 괜찮다. 부모와 협력하여 해결 방법을 찾을 수 있기 때문이다. 그런데 드러내지 않는 아이는 교사와 부모 모르게 은밀한 곳에서 다른 가면을 쓰고 문제 행동을 일으킨다. 특히 상처를 싸매 줄 가정이 따뜻하고 든든하지 않을 때, 아이는 상상하지도 못한 일을 하고 다닌다. 교사는 이런 아이들을 빨리 발견해야 한다. 아이의 행동에는 이유가 있기 때문에 아이를 이해하고 어떤 도움을 줄 수 있을지 고민해야 한다. 그리고 정말 아이에게 말하고 약속한 대로 도움을 주어야 한다.

아이에게는 격려의 말, 작은 인정, 고마움의 표현, 믿음의 눈빛, 따뜻한 미소가 필요하다. 아이에게는 지금 내 마음을 알아 줄 한 사람이 필요하다. 교사는 아이에게 그 한 사람이 되어 줄 수 있다.

3부

교사는
아이들과 함께
성장한다

01
교사, 아이들, 부모 : 완벽한 인간은 없다

누구나 그 분야에서 잘하는 사람, 탁월한 사람을 만나기 원한다.

나와 아이들이 아플 때 가는 병원은 정해져 있다. 코앞에도 병원이 있지만 굳이 더 먼 곳으로 찾아가는 이유는 그 의사가 실력 있고 믿음이 가기 때문이다. 그렇다고 해서 모든 사람이 그 병원으로 오는 것은 아니다. 어떤 사람은 내가 믿는 그 의사가 형편없다고 생각할 수도 있다. 나도 아이들의 아픈 곳을 정확히 진단하고 적절한 처방을 내려 준다는 점이 마음에 드는 것뿐이다. 친절함을 기준으로 삼자면 다른 곳이 훨씬 더 친절하다. 결론은 모든 사람을 완벽하게 만족시킬 만한 사람은 없다는 것이다. 완벽한 사람은 없다. 완벽을 추구하는 사람만 있을 뿐이다.

우리나라 사람들은 유독 교사에게 높은 기대를 갖는다. 교사의 인격, 학습 지도 능력, 생활 지도 능력에 더해 안정적인 돌봄 능력까지 기대한다. 교사는 만능인이 되어야 한다고 믿는 것 같다. 사람들이 생각하는 교사는 아이들 앞에 인성의 모델이 되어야 하고, 공부도 잘 가르쳐야 하고, 가정에서 결핍된 사랑을 채워 주어야 하며, 기본 생활 습관도 제대로 길러 주어야 하는 사람이다. 최근에는 가정에서 담당해야 할 많은 일과 역할을 학교와 교사의 영역으로 떠넘긴다. 때론 부모가 해결할 수 없는 아이의 문제까지도 교사가 해결해 주기를 바라고 기대한다. 하지만 분명한 것은 가정과 학교에서 담당해야 할 일과 역할이 각각 정해져 있으며, 각자 그 일을 충실하게 해야 한다는 것이다.

신규 교사 시절 나에게 무척 친절했던 학부모가 있었다. 체험 학습을 갈 때마다 도시락과 간식을 꼭 챙겨 주었고, 특별한 날에는 손편지와 함께 간식을 보내 주었다. 받는 것이 죄송할 정도로 꼬박꼬박 챙겨 주었다. 한 해를 보내고 학년이 바뀌었다. 어느 날 같은 학년 선생님께서 친한 학부모에게서 나에 대한 좋지 않은 이야기를 들었다고 했다. 한 학부모가 나를 여기저기 비난하면서 다닌다고 했다. 그럴 수도 있다고 생각했다. 그런데 비난하며 다닌다는 학부모가 나에게 그렇게 친절했던 학부모라는 말을 들었을 때는 정말 충격이었다. 항상 밝은 얼굴로 감사하다고 말하던, 한번도 나에게 불평이나 요구를 하지 않았던 학부모였는데 나를 비난하고 다닌다니……. 선생님께 용기 내어 물어보았다.

"선생님, 근데 그 학부모님이 뭐라고 말씀하고 다니신데요?"

적어도 어떤 부분이 마음에 들지 않는지 알고 싶었다. 알아야 할 것 같았다.

"응, 나도 자세히는 모르는데 뭐 학급 경영을 못 한다고 했다나? 근데 원래 그 학부모가 좀 그렇다네. 앞과 뒤가 다른 사람이래."

나에게 직접 부족한 부분을 이야기했다면 고쳤을 텐데 다른 사람을 통해서 들으니 배신감마저 느껴졌다. 내가 저지른 큰 실수나 잘못이 아니라 학급 경영을 문제 삼아 여기저기 뒷말을 하고 다녔다는 사실도 마음에 걸렸다. 학급 경영은 가정의 살림살이나 마찬가지다. 학급 경영을 어떻게 할지 계획하고 운영하며 수정하는 것은 교사의 권리이자 권한이다. 물론 그 과정에서 학부모의 의견을 듣고 더 좋은 방향으로 바꾸어 나가기도 한다.

한동안 계속 그 생각이 났다. 마음이 무거웠다. 화도 나고 자존심도 상했다. 그냥 이상한 학부모라고 생각하고 무시할까 생각했다. 하지만 나를 위해 내 부족함을 인정하기로 했다. 학급 경영과 관련된 책을 찾아보고 연수를 들으며, 학급 경영을 잘할 수 있는 방법들을 공부하기 시작했다.

몇 년이 지나 다시 그 일이 떠올랐다. 조금 더 깊이 생각해 보았다. 상심한 마음 한구석에는 완벽에 대한 기대가 자리 잡고 있었다. 완벽한 나 자신에 대한 기대, 완벽한 학부모에 대한 기대가 있었던 것이다. 당시 내가 교사로 성장하려고 노력하고 있었다면 그 말을 듣고도 크게 개의치 않았을 것 같다. '그래, 그럴 수도 있지, 그래서 나도 노력하고 있잖아?'라고 스스로를 격려하면서 말이다. 하지만 당시 나는 이 정도면 괜찮다는 착각에 빠져 있었다. 어떤 비난도 충고도 받고 싶지 않았다. 내 자신의 부족함을 인정하기가 싫었던 것이다. 완벽하지 않은 내 모습을 마주하는 일을 피하고 싶었다. 나는 완벽한 학부모에 대한 기대도 갖고 있었다. 학부모는 교사를 존중하고 지지하는 역할을 해야 한다, 가정에서 아이를 최선을 다해 지도하면서 교사의 믿음직한 협력자가 되어야 한다는 기대였다. 기대한 만큼 실망도 컸다. 그 학부모 또한 나에게 완벽한 교사가 되어 주기를 바랐던 것 같다. 완벽한 인간에 대한 기대는 서로에게 실망감만 안겨 주고 상대를 비난하게 만든다. 완벽한 인간은 없다는 것을, 누구에게나 배울 점은 있다는 것을 서로가 놓치고 있었다.

완벽한 아이들에 대한 기대도 컸다. 아이 둘을 낳고 기르면서 2년간 학급 담임을 맡지 않았다. 2년의 공백은 정말 컸다. 오랜만에 아이들을 만나기 전, 나는 머리만 커져 있는 상태였다. 육아휴직 기간 동안 정말 많이 교육을 고민했고, 이상적인 교육에 대한 생각과 높은 기대를 갖고 있었다. '아이들은 내가 이렇게 할 때, 이렇게 행동하겠지? 아이들과 나는 분명 행복할 거야. 완벽해!' 이런 마음을 가지고 아이들 앞에 섰다. 아이들을 존중하는 선생님, 아이들에게 존경받는 선생님이 되고 싶었다. 그런데 기대는 완전히 빗나갔다.

현실은 지옥이었다. 내가 상상했던 아이들과 내가 만난 현실의 아이들은 완전히 달랐다. 나는 아이들이 모나지 않고 잘 다듬어져 있을 것이라고 생각했는데 아이들은 상처투성이에 아픈 곳도 많았다. 내가 상상한 완벽한 아이들에 맞추어 준비한 모든 것이 아이들에게 맞지 않았다.

내가 하고 싶은 것을 하기 전에 아이들 문제와 상처를 어루만져 주어야 했다. 민주적이고 이상적인 교육을 논하기 전에 허기진 마음을 채우는 일이 먼저였다.

그렇게 학기 초부터 내가 시도한 많은 것이 실패했다. 그동안 관심을 갖고 공부했던 학급 긍정 훈육을 학급에서 실천해 보려고 여러 가지를 시도했지만 중간에 모두 그만두었다. 잔소리와 꾸중, 지시와 명령에 익숙한 아이들은 존중과 자율을 전혀 알지 못했다. 기본을 갖춘 완벽한 아이들을 기대했는데, 완전히 오산이었다.

"선생님은 여러분을 존중하려고 노력할 거예요. 우리 모두는 기분이 좋을 때 더 잘할 수 있습니다. 화내고 소리 지르고 명령하는 행동을 하지 않겠습니다."

비장한 각오와 다짐은 한 달을 채 넘기지 못했다. 아이들은 화내고 소리 지르지 않겠다는 선생님의 말을 자꾸 시험해 보려고 했다. 특히 정서적으로 불안한 아이들은 제멋대로 날뛰었다. 참을 수 없는 지경까지 이르렀지만, 이 고비를 잘 넘겨 아이들에게 믿음을 보여 주는 것이 긍정 훈육의 철학이자 진정한 긍정 훈육자의 모습이라고 믿고 버티려고 노력했다. 그런데 나는 참지 못하고 아이들 앞에서 깨져 버렸다. 그동안 참아 왔던 분노를 쏟아 냈다.

"자리 앉아! 의자 바르게 당겨! 규칙대로 행동해!"

"야! 선생님 말이 말 같지 않아? 반성문 쓸 거야?"

내가 읽고 공부했던 철학이 내 것이라고 생각했는데 실전에서는 나의 본모습이 나왔다. 내가 단단한 사람이 아니었기 때문에 긍정 훈육의 말과 행동, 기법만 베낀 것에 불과했다. 철학은 뿌리가 깊어 흔들리지 않는 것이고 그 철학이 결국 아이들을 변화시키는 것인데, 나는 흉내만 내다 실패한 꼴이었다.

아이들 앞에 폭군의 모습을 드러내자 아이들은 예상대로 차분해졌다. 내 눈치를 보고 내가 원하는 행동을 하며 조심스럽게 움직였다. 아이들은 내가 혼을 낼 때 행동을 멈추고, 지시할 때 움직였다. 명령과 지시, 비난과 꾸중에 길들여진 아이를 내 손으로 만들고 있었다. 내가 원하던 모습은 이것이 아닌데, 예전과 똑같은 내 모습을 보며 실망하고 또 실망했다. 눈치를 보며 불편한 표정을 짓는 아이들을 보며 자존심도 상했다. 자괴감이 들었다.

완벽한 아이들을 꿈꾸었던 것이 잘못이었다. 완벽한 아이들과 나의 완벽한 계획이 만나면 완벽한 교실을 만들 수 있다는 기대 또한 내 욕심이었다. 내가 노력하면 아이들은 변할 수 있다고 착각했던 것이다. 하지만 완벽한 사람은 없었고, 완벽한 방법도 없었다. 그저 아이들과 내가 만나 서로를 알아가고 맞추어 가는 과정만 있을 뿐이었다. 아이들과 내가 서로에게 상처를 주고 다시 화해하고 때로는 위로하며 더 돈독한 관계를 만들어 가는 과정만 있었다. 변화와 성장은 나와 아이들이 끈끈해졌을 때 일어나기 시작했다. 그렇게 작은 성장의 과정이 모여 완벽에 가까워진다는 것을, 그러니 현재의 성장에 집중해야 한다는 것을 뒤늦게 깨달았다.

교사는 매년 다른 아이들을 만난다. 아이들이 선생님을 기대하듯 교사도 1년 동안 함께 지낼 아이들이 궁금하다. 나는 아이들을 만나기 전에 기도한다. "내가 꼭 필요한 아이, 나에게 꼭 필요한 아이를 만나게 해 주세요."라고 말이다.

이제 완벽한 아이들을 만나기를 기대하지 않는다. 그런 아이는 내 도움이 필요하지 않을 수도 있다. 오히려 내 존재가 꼭 필요한 아이를 만나게 해 달라고 기도한다. 또 내 부족한 점을 드러나게 하는 아이를 만나게 해 달라고 기도한다. 그 아이를 통해 내 그릇이 넓고 깊어지기를 원한다. 성장하기를 바란다. 완벽한 학부모도 기대하지 않는다. 내가 부족한 것처럼, 누구나 완성되지 않았다는 것을 알기 때문이다. 부족한 서로가 만나 서로를 완성시켜 나갈 것을 알기 때문이다. 완벽한 사람은 없다. 완벽하지 않은 사람들이 만나 성장할 뿐이다. 성장하고 또 성장하면서 완벽에 가까워져 갈 뿐이다.

02
교사의 욕심이 처참하게 무너지다

철학이 없던 신규 교사에서 벗어나 열심히 노력하는 교사가 되기로 결심하고, 기회가 생기는 대로 연수에 참여했다. 교육 관련 책도 다양하게 읽었다. 일단 많이 배우면 꺼내 쓸 수 있는 무기가 많아진다고 생각했기에 배움을 멈추지 않았다. 찾아 나서기 시작하니 훌륭한 교사가 너무나도 많았다. 여러 교사의 철학과 교육 방법들은 하나같이 대단했다. 나는 배우고 알게 된 정보를 계속 쌓았다. '이것도 해 보고 싶다.', '와, 이런 활동도 할 수 있어?', '이건 진짜 아이들 인성 지도에 좋은 방법이다.'

배움의 시간이 늘어날수록 아이들과 하고 싶은 일도 많아졌다. 빨리 아이들을 만나고 싶었다. 이런저런 활동들을 모두 해 보고 싶었다.

겨울 방학부터 새 학기 준비를 시작했다. 학급 경영과 관련된 책들을 읽으며 아이들과 첫 만남을 어떻게 시작하고 유지해 나갈지 고민했다. 그동안 배운 것 중에 어떤 것을 선택하고 어떤 활동을 먼저 시작할지 계획을 세웠다. 이영근 선생님의 글똥누기, 여희숙 선생님의 책 읽는 교실, 허승환 선생님과 정유진 선생님의 학급 경영, 학급 긍정 훈육, 버츄 프로젝트, 그림책 활용, 슬로리딩, 토의와 토론, 이상우 선생님의 협동 학습 구조, 거꾸로 교실, 배움 중심 수업, 한형식 선생님의 수업 기술의 법칙, 비주얼씽킹, 사회적 기술 센터 운영 등 방법은 너무나 많았다.

내가 읽고 듣고 공부한 것이 너무 많아서 어떻게 서로 꿰어야 할지 막막했다. 아이들에게 도움이 되는 것이니 하나도 버릴 것이 없다고 생각했다. 내가 조금만 더 욕심을 내면 다 할 수 있을 것만 같았다. 머릿속에는 이미 완벽한 교실과 완벽한 아이들이 있었다. 3월 초부터 계획한 활동을 시작했다. 3월 초 첫 만남에서 할 일들은 허승환 선생님과 정유진 선생님의 학급 경영을 참고해서 짜깁기했다. 매 수업 시간 구체적인 계획을 세워 자료를 준비했고, 내가 배운 것들을 그대로 실천했다. 3월 첫 주 중반에는 글똥누기, 학급 긍정 훈육, 그림책 읽기를 투입했다. 늘 시간이 부족했다. 계획한 만큼 하지 못하고 지나간 날도 많았다. 더 많이 할 수 있는데 시간이 부족해서 안타까웠다.

내 생각대로 아이들이 잘 따라왔을까? 3월 한 달간은 아이들의 모습이 보이지 않았다. '수업 준비 – 투입 – 다음 날 수업 준비'를 하는 데도 시간이 부족했다. 한 달이 지나자 아이들과 했던 활동과 약속들이 흐지부지되고 있었다. 한 달이면 학급이 안정되고 질서가 생긴다고 하는데 우리 반은 전혀 아니었다. 아이들 전체가 동의하고 지키기로 약속한 것들은 사인한 종이 속에서만 효과를 드러내고 있었다. 약속은 약속이고, 아이들은 하던 대로 행동했다. 변화란 없었다. 내가 상상한 모습과는 거리가 멀었다. 나만 이상 속에 머물러 있었다. 아이들을 위해 준비했고, 아이들을 위해 열심히 노력했다고 생각했는데 지나고 보니 모두 나를 위해 열정을 쏟고 있었다. 아이들의 특성을 자세히 관찰하고 이해하는 일이 가장 기본임에도 정작 중요한 것을 놓치고 있었던 것이다.

아이들과 만난 지 2개월 정도 되었다. 3월부터 야심 차게 시작했던 일 중 태반을 지키지 못하고 있었다. 여러 가지를 한 번에 시작했지만 꾸준히 지키는 것은 고작 한두 개 정도였다. 어느 날 교실에 혼자 앉아 이곳저곳을 둘러보며 내가 시작한 활동들을 스스로 정리하기 시작했다. 잘 지키지 않는 것들, 아이들에게 의미 없는 게시물들을 하나씩 떼어 냈다. 다음 날 아이들은 내가 없앤 게시물의 존재조차 몰랐다. 눈에 보이는 환경이었지만 아이들에게는 의미가 없었던 것이다. 이 모습을 보고 있으나마나 한 활동들을 모두 거두어 내기 시작했다. 새로운 것을 마구잡이로 투입하는 행동도 멈추었다.

멈추어 서서 다시 고민을 시작했다. 아이들이 할 수 있는 것과 아이들이 잘하는 것, 내가 관심 있는 것과 꾸준히 지도할 수 있는 것들을 선택했다. 꾸준히 실천할 수 있는 방법들도 고민했다. 현재 잘하고 있는 일들을 더 효과적으로 할 수 있는 방법도 함께 고민했다.

아이들과 꾸준히 하는 것은 협동 학습 구조, 질문이 있는 수업, 버츄 프로젝트(미덕)였다. 수십 가지 중 꾸준히 하는 것은 몇 가지에 불과했다. 나머지는 필요할 때 활용하거나 수업 활동에 한 번씩 적용했다. 나는 '선택과 집중', '습관화'가 정말 중요하다는 것을 실패에서 깨달았다. 아이들과 나에게 맞는 방법들을 선택하고 집중해서 꾸준히 실천하는 것 말이다.

학급에서 꾸준히 실천하는 것 중에 버츄 프로젝트(미덕)가 있었다. 버츄 프로젝트는 우연히 함께 공부모임을 하는 선생님의 권유로 배우게 되었다. 교사 경력이 20년 이상이었음에도 젊은 교사보다 더 열심히 성실하게 배우는 선생님이었다. 4월 초쯤 버츄 프로젝트 강의를 들었다. 학급에 적용하면 좋겠다고 생각했지만 막상 실천하기는 어려웠다. 당시 나는 학교에서 아이들과 하루를 근근이 버티고 있었기 때문이다. 아이들에 대한 실망감, 서운함, 상처가 마음에 가득한 상태였다. 몇 명의 아이와는 매일 전투를 치르고 있었다. 사실 버츄 프로젝트를 신청하기 전에도, 배우는 중에도 계속 고민을 했다. '이것을 한다고 정말 달라질까?', '마지막이라고 생각하고 이것이라도 붙잡아 볼까?'

5월 초 학급에서 버츄 프로젝트를 본격적으로 시작했다. 버츄는 우리말로 미덕이라고 한다. 미덕은 아름답고 갸륵한 덕행을 의미한다. 버츄 프로젝트는 캐나다 정신과 의사인 린다 캐벌린 포포프가 창시한 교육 프로그램으로, 세계적으로 공통된 52개의 미덕을 정하여 이것을 바탕으로 교육 프로그램을 개발하고 보급하는 것이다. 52개의 미덕은 모두 아름다우며 우리 삶에 꼭 필요한 가치를 의미한다.

나는 교실에서 불필요한 것들을 전부 없애고 교실 앞쪽에 52개의 미덕이 적힌 현수막 하나만 붙여 놓았다. 현수막을 붙여 놓으니 필요할 때 언제든 보고 말할 수 있어 좋았다. 자주 꺼내어 강조할 수도 있었다. 미덕은 아이들을 격려하고 칭찬할 때, 아이들의 고칠 점을 이야기할 때, 수업 소재로도 아주 유용한 도구였다.

기대하지 않고 시작한 버츄 프로젝트는 나와 아이들에게, 우리 학급에 큰 변화를 가져왔다. 52개의 미덕은 아이들에게 내 생각을 전달하는 효과적인 매개체가 되어 주었다. 끝까지 하라고 잔소리하는 대신 끈기, 인내라는 미덕의 말로 아이의 생각을 일깨워 주었다. 잘했다고 칭찬하는 대신 탁월함과 헌신의 미덕이 빛난다, 용기와 소신의 미덕이 보인다고 이야기해 주었다. 아이들은 선생님이 하는 칭찬보다 자기 안에 미덕이 빛난다는 것을 스스로 알아차릴 때 더욱 기뻐했다. 스스로를 가치 있고 쓸모 있는 존재로 여겼다. 특히 주의력이 부족했던 경민이에게는 인내와 끈기의 미덕을 자주 이야기해 주었다.

"선생님, 이거 그만 할래요."

"경민아, 지금 네게 필요한 미덕이 뭘까?"

"인내요."

"그래, 인내하고 끝까지 해 보자. 선생님 옆에 앉아서 집중해서 해보자."

할 일을 다 마친 경민이에게 스티커를 주면서 말했다.

"경민아, 지금 네 안에서 방금 '인내'가 길러졌대. 축하해."

경민이는 인내라는 미덕을 집에서도 자주 이야기했다고 한다. 자신이 1년 동안 노력해서 기르고 싶은 미덕으로 인내를 고르기도 했다. 경민이와 나를 잇는 언어가 미덕의 언어로 바뀌자 경민이를 보는 관점과 아이를 대하는 태도가 바뀌었다.

말이 곧 씨가 된다는 속담이 있다. 하는 말에 따라 생각이 결정되고, 생각이 행동으로 드러난다는 의미다. 버츄 프로젝트를 실천하기 전에는 아이들에게 받은 상처를 아픈 말로 되갚았다. 아픈 말은 아이들 마음에 생채기를 내고, 나와 아이들을 힘겨루기 상황으로 내몰았다. 그런데 미덕의 언어는 가시가 돋은 내 안에 있는 진심을 찾아 아이에게 전달해 주었다. 미덕의 언어는 아이들뿐 아니라 나도 변화시켜 주었다.

'이 아이는 소심한 것이 아니라 용기가 필요한 것이야.'

'저 아이는 나를 방해하는 것이 아니라 열정이 넘치는 것이야. 절제가 조금 필요한 것이지.'

미덕의 언어는 아이들을 다른 관점에서 보도록 했다. 아이들은 보석 덩어리고, 보석을 꺼내고 다듬는 과정이 필요할 뿐임을 깨닫게 해 주었다. 아이들이 중심에 없는 열정은 내 욕심이었다. 내 욕심은 아이들을 지치게 만들었다.

수많은 교육 철학과 방법 중에 어떤 것을 따라야 할지 모른다면 두 가지를 고려해 보라고 말하고 싶다. 하나는 내가 좋아하고 잘하는 것을 찾는 것이다. 교사가 좋아하고 잘하는 것은 꾸준히 힘을 쏟아 가장 잘 지도할 수 있다. 다른 하나는 아이들이 좋아하고 잘하는 것을 찾는 것이다. 아이들 수준에 맞는 것, 즐거워하는 것, 아이들이 잘하는 것을 잘 관찰한 후 아이들을 주인공으로 세울 수 있는 것을 선택해야 한다. 이론과 다른 실천, 내 처참한 실패의 원인은 내가 주인공이었기 때문이다. 아이들이 주인공이 되고, 아이들의 존재를 빛나게 할 수 있는 것이 가장 교육적인 것이라고 믿는다.

03

교사의 '착한' 습관을 바꾸자

있는 힘껏 목소리를 높이고 눈에 힘을 주고 인상을 찌푸린다. 아이와 싸울 때 내가 하는 행동이다. 아이와 싸울 때는 학생과 교사의 신분이 사라진다. 사람 대 사람으로 똑같은 자아가 서로 싸운다.

"지금 그렇게 행동하는 게 선생님은 불편하다. 그만."

"저는 안 그런데요."

"너 말고 우리가 불편하다는 거야."

"저는 아니라고요."

"뭐? 지금 뭐라고 했어? 제정신으로 말하는 거니?"

"네."

이 대화는 어떻게 끝날까? 교사라면 누구나 예상할 수 있다. 결국 교사가 이긴다. 학생은 어찌되었든 교사보다 불리한 위치에 있다. 교사를 이길 수 없다. 그런데 눈에 보이는 결과만 그렇다. 교사는 많은 것을 잃게 된다.

먼저 말다툼을 지켜본 아이들에게 권위를 잃는다. 교사는 논쟁 중에 말이나 행동을 실수할 가능성이 크다. 아이에게 모욕감을 주는 비난, 인신공격, 협박을 해서 아이를 굴복시킬 가능성이 높다. 다른 사람 이야기가 아니라 내가 그랬다. 정서적으로 문제가 있는 아이들을 잘 이해하지 못했을 때, 아이들이 이렇게 행동하는 이유는 나를 두려워하지 않기 때문이라고 생각했다. 그래서 아이를 혼내고, 아이와 싸우고, 부모에게 알리는 일을 반복했다. 부모에게 알리는 이유는 가정에서 그 아이를 어떻게 좀 해 보라는 의미였다. 결국 아이를 또 한 번 혼내서 보내 달라는 뜻이다. 아이의 문제 행동은 날이 갈수록 악화되었다. 하루에도 몇 번씩 아이에게 날을 세우고 윽박지르고 혼내기를 반복했다. 정신적인 막노동이었다.

아이와 싸워 이긴 후에는 늘 후회를 했다. 어떻게 해야 할지 다시 방법을 찾았다. 늘 공부하고 방법을 찾았기 때문에 아이를 어떻게 훈육해야 하는지 너무나도 잘 알았다. '그런데 왜 안 될까? 나는 왜 오늘도 아이와 싸우고 있을까?' 싸움 후에는 늘 답답했다. 내 존재가 못나 보였다.

생각해 보니 어떻게 행동해야 할지는 알았지만 행동하지 못하는 것은 아이나 나나 마찬가지였다. 아이에게는 이 상황에서는 이렇게 행동해야 한다고 늘 타이르고 알려 주고 혼내면서 나는 여전히 똑같이 살고 있었다. 나도 아이를 대할 때, 이 상황에서는 이렇게 말하고 행동해야 하는데 그렇게 하지 못한 것이다. 교사도 자신의 '착한' 습관을 바꾸지 못하면 변화와 성장은 기대할 수 없다는 것을 깨달았다.

내가 늘 실패했던 일은 평정심 유지다. 아이와 싸우지 않고 아이를 훈육하는 것이다. 아이는 나를 싫어해서, 나와 싸우려고 분노하고 반항하는 것이 아니다. 내면의 불안감과 억압된 감정이 드러났을 뿐이다. 이 상황을 벗어날 수 있는 방법은 아이에게 동요하지 않고, 아이의 흥분한 리듬에 편승하지 않는 것이다. 아이가 꺼내 놓는 부정적인 에너지의 파장을 모른 척하는 것이다. 그러면서 감정을 인정하고 행동의 한계를 그어 주는 것이다. 어떻게 대처해야 할지 잘 알지만 실천은 잘되지 않았다. 처음에는 잘하다가도 참았던 분노가 한꺼번에 폭발한 날도 많았다.

나에게도, 아이에게도 아는 것을 행동할 수 있는 능력을 기르는 연습이 필요했다. 연습 과정에는 필연적으로 실패와 어려움이 따른다. 많은 실패와 시행착오를 거치면서 나는 좋은 방법을 찾았다. 바로 나와 아이의 하루를 기록해서 부모에게 알리는 것이다.

문제 행동을 보이는 아이들의 부모는 아이가 학교에서 어떻게 생활하는지 잘 모른다. 교사가 전하는 심각한 일 한두 개 정도만 알 뿐이다. 교사는 온몸으로 겪고 늘 보기 때문에 뭉뚱그려서 전달하는데, 부모는 그것을 다시 뭉뚱그려서 이해한다. 아이가 구체적으로 어떤 상황에서 어려움을 겪는지, 어떤 특성을 보이는지 잘 모르게 되는 것이다. 어떻게 보면 교사도 마찬가지다. 아이의 문제 행동이 두드러지는 상황과 조건,

교사가 아이에게 감정적으로 반응하는 시점은 정해져 있는데 그때가 언제인지, 어떤 상황인지 잘 모르고 있다. 깊이 생각하고 분석하고 의식하지 않으면 모를 수밖에 없다.

교사가 아이들의 하루를 기록해서 부모에게 알리는 일은 번거롭다. 아이를 하루 종일 눈여겨보고 쉬는 시간이나 방과후에 시간을 내어 기록해야 하기 때문이다. 그래서 쉽고 간편한 방법을 고민했다. 학급 밴드를 운영하고 있었기에 밴드(BAND)가 떠올랐다. 비공개 밴드를 만들어 학부모와 나만의 비밀 소통 창구를 만들었다. 관찰 기록에는 아침 시간에 무슨 말과 행동을 했고, 나는 어떻게 대응했고, 교사의 말과 행동에 어떻게 반응했는지, 어떤 상황에서 힘들어하고 어떻게 극복했는지, 하교할 때까지의 하루 기록을 낱낱이 적었다.

부모는 아이를 잘 모르고 있던 것이 맞았다. 교사가 전달한 내용이 아이에 대한 정보를 온전히 제공하지 못하고 있다는 것도 맞았다. 아이의 일거수일투족을 기록하다 보니 아이가 제대로 보이기 시작했다. 부모에게 내가 아이를 어떻게 대했는지도 전달해야 하기 때문에 내 말과 행동도 좀 더 신중하게 해야 했다. 점차 아이 앞에서 평정심을 유지하기가 쉬워졌다. 아이의 하루를 기록한 후 죽 읽어 보면 아이가 어떤 특성을 보이고, 어떤 상황에서 어려움을 겪는지 명확하게 보였다. 내가 어떻게 반응하고 도와야 할지도 머릿속에 그려졌다.

하루는 학부모의 초대로 아이의 상담사 선생님도 밴드에 참여했다. 상담 선생님도 매일 아이의 하루 일과를 읽었다. 아이를 이해하고 상담

하는 데 많은 도움이 되었다고 했다.

기록의 힘은 놀랍다. 내가 몰랐던 습관, 알지만 잘 바꾸지 못했던 습관들이 기록하면서 달라지기 시작했다. 하루 기록을 부모에게 고스란히 전달한다는 것 자체가 이미 나에게는 경각심을 주었다. 정신 차리고 아이를 대해야 한다는 강한 생각을 갖게 했다. 2주 정도 지나자 학부모의 태도는 완전히 달라져 있었다. 학부모는 나에게 매일 감사하다는 댓글을 달았다. 나와 부모, 아이는 이미 한 팀이었지만 기록을 통해 더 돈독한 한 팀이 되었다.

아이에 대해 고민하면 할수록 아이를 제압하고 이겨야 한다는 생각은 틀렸음을 확신하게 되었다. 아이는 교사에게, 부모에게 자기를 좀 도와 달라고 온몸으로 말한다. 자신이 할 수 있는 가장 크고 강력한 방법으로 표현하고 있는 셈이다. 교사는 아이의 그 간절한 메시지를 읽을 수 있어야 한다. 메시지를 읽는 과정에서 기록과 성찰은 큰 도움이 된다.

전문가는 쉽게 드러나지 않는 원인을 찾아내고 해결한다. 비전문가는 원인을 찾지 못하고 전체를 버리거나 바꾸라고 말한다. 문제 행동을 보이는 아이들에게는 전문가가 필요하다. 누군가 찾아내지 못한 원인을 찾아내고 차근차근 도움을 주는 사람이 필요하다. 그 사람이 바로 교사다. 의사는 한 사람의 생명을 살리지만 교사는 한 아이의 삶 전체와 영혼을 살릴 수 있다. 교사의 일은 하면 할수록 스스로가 깊어지는 일이라는 것을 깨닫는다. 교사는 아이에게 동아줄과 같은 희망의 끈이다. 아이를 만나고 아이를 살리는 가치 있는 일, 그것이 바로 교사의 일이다.

04

아이들 앞에서 나는 왜 작아지는가?

나는 거절을 잘 못한다. 내가 곤란한 상황에서도 속을 끓이며 부탁을 들어주는 편이다. 남에게 싫은 소리도 못한다. 가장 가까운 남편에게도 상처가 될까 봐 여러 번 고민한 후 겨우 한마디 하는 것이 전부다. 남에게 확신에 찬 말을 하거나 남을 이끄는 행동도 주저한다. 내가 주도해서 이것저것 해 보자는 말 대신 네가 하고 싶은 대로 하라고 말한다. 남의 평가에 민감하며 마음이 여리다. 이런 내가 교사가 되었다. 사람과 관계에서 어려움을 겪는 내가 매일 스무 명이 넘는 아이와 만나야 하는 직업을 갖게 되었다. 아이들의 감정을 살피고, 옳은 것을 확신 있게 알려 주고, 수업을 계획하고 이끌어 나가야 한다. 어떻게 보면 내 성격과는 거리가 먼 일을 하는 셈이다. 매 순간 아이들의 반응에서 나오는 평가를 눈으로 지켜보아야 하며 아이들의 다양한 요구를 대면하고 해결해야 한다. 그러니 내가 교사로서 어려움을 겪는 것은 어쩌면 당연했다.

신규 교사 시절, 아이들 앞에 서는 일은 공포 그 자체였다. '아이들이 내 말을 잘 듣지 않으면 어떡하지?', '수업 시간을 지루해 하면 어떡하지?', '내가 통제할 수 없는 상황이 오면 어떻게 대처하지?', '아이들 중 누군가 나를 싫어하면 어떡하지?', '아이들이 나를 권위 없는 사람으로 보면 어떡하지? 그렇다고 아이들과 거리를 둔 무서운 선생님이 되기도 싫은데. 다른 반과 우리 반을 비교하는 아이들 앞에서 나는 어떻게 말해야 할까?'라며 매일 고민했다.

아이들과 지내는 매일, 내 안에 공포와 불안감이 찾아왔다. 공포는 아이들의 말과 행동 때문이 아니었다. 아이들을 바라보는 나의 내면에서 나오는 것이었다. 가끔 공포와 두려움을 감당할 수 없는 상황이 오면 교사의 권위와 어른의 권위를 내세웠다. 때로는 아이들에게 상처받고 좌절하기도 했다. 모두에게 인정받고 싶은 욕심은 아이들 앞에 서는 일을 점점 두렵게 했다.

파커 파머는 『가르칠 수 있는 용기』에서 어떻게 공포를 극복할 수 있는지 이야기한다. "젊은 시절, 나는 교직의 모든 것을 알고, 아주 유능해지고, 경험도 풍부하고, 자신감이 넘쳤다. 교실에 들어갈 때 전혀 두려움 없는 상태가 되기를 바랐다. 그러나 50대 후반에 들어선 지금에는 그런 날이 결코 오지 않으리라는 것을 안다. 나는 늘 공포를 느끼겠지만, 그렇다고 해서 나 자신이 공포 그 자체가 되는 것은 아니다. 내 마음의 풍경에는 공포 말고 다른 것들도 많이 들어 있으며, 그것들에서 말하고 행동하는 힘을 얻는다. (중략) 나는 반드시 공포의 자리에서 가르쳐야 할 필요는 없다. 공포와 함께 내 마음속에 들어 있는 호기심, 희망, 공감, 정직 등의 장소에 서서 가르칠 수 있다."

파커 파머의 글을 읽으며 우둔한 눈이 열렸다. 아이들 앞에서 정말 공포감만 느꼈던가? 아니었다. 공포는 내 마음 한편에 있는 것, 어느 순간에만 드리워지는 것이었다. 아이들을 마주하는 내 마음의 풍경에는 공포 말고도 호기심, 희망, 공감, 정직 등이 있었다. 아이들 덕분에 기쁘고 벅차고 행복한 순간이 많았다. 내 선택에 따라 공포를 키워 과장할 수도 있고, 공포의 편에 서지 않을 수도 있다. 공포의 순간은 순간대로, 반짝임의 순간은 반짝임의 순간대로 있는 그대로 느끼고 바라볼 수 있어야 한다.

특히 나에게는 단호함에 대한 공포가 컸다. 단호함은 결단이나 태도, 입장 따위가 과단성 있고 엄격하다는 의미다. 주변 사람들에게 단호하지 못했던 나는 아이들 앞에서도 그랬다. 오히려 더 했다. 순수하고 예쁜 아이들에게 마냥 친절하고 좋은 사람이고 싶었다. 옳고 그름을 이야기할 때도 되도록 친절하게, 온화하게 표현하고 싶었다. 아이들에게 상처나 실망을 주고 싶지 않았다. 아이들 앞에서 엄격한 표정과 태도를 보이고 싶지 않았다. 하지만 단호함은 교사에게 꼭 필요한 태도다.

학급 긍정 훈육에서는 단호함을 이렇게 설명한다. "단호함은 교사 자신의 신념과 상황의 필요에 따라 나와야 하는 태도이며, 상대방의 존재를 존중하면서 행동의 옳고 그름을 알려 주는 태도다." 단호함의 정의는 충분히 이해했지만 실제 아이들에게 단호하기란 어려웠다. 단호함은 태도나 기술을 배워서 실천할 수 있는 것이 아니었다. 우선 내 신념이 없었다. 어떤 행동은 되고 어떤 행동은 안 되는지, 되는 행동은 언제까지 되고 안 되는 행동은 언제까지 안 되는지, 하나에서 열까지 내가 결정하고 지켜 나가야 하는데 그것이 잘되지 않았다. 내 삶의 원칙과 기준도 명확하지 않은데 아이들에게 이렇게 하라고 이야기하고 지속하는 일이 쉬울 리 없었다. 약속하고 말한 것을 중간에 바꾸어도 안 되고, 잊어서도 안 되며, 계속 생각하고 있어야 하는 일은 많은 노력이 필요했다. 일단 결정된 일이 아이들에게 자연스러운 생활이 되기까지는 확인하고 이야기하고 강조하는 일을 반복해야만 했다.

학기 초부터 우리 반에서는 바른말 쓰기를 했다. 몇몇 아이들의 욕하는 습관을 보고 이를 고치려고 시작했다. 욕을 하는 행위는 신중하지 못하고 상대를 존중하지 못하는 일이라고 못 박고 싶었다. 나는 욕하는 모습을 끔찍이 싫어한다. 욕하는 습관이 있는 아이들에게는 신중과 존중의 뜻이 적힌 종이를 쓰도록 했다. 아이들은 자기도 모르게 튀어나왔다며 변명을 했다. 나중에 하겠다는 아이들 앞에서 흔들린 적도 있었다. '자기도 모르게 했다는데 조금 봐줄까? 지금 뭐하고 있는데 이따가 쓰게 할까?'

한두 명의 아이들 말에 내 판단이 움직이기 시작하자 다른 아이들까지 목소리를 높였다. 어떤 날은 확인하는 것을 잊거나 종이를 나누어 주는 것 자체를 잊어버렸다. 더 이상 흐지부지하면 안 되겠다는 생각이 들었다. 아이들에게 중요한 일이니 다시 철저하게 확인하기로 다짐했다. "안 되는 일은 안 되며, 예외는 없다. 예외도 규칙 속에 포함되어야 한다."라고 말한 동기 선생님의 말을 떠올리며 단호한 태도를 보이려고 노력했다.

한 달도 채 되지 않아 종이를 나누어 주는 일이 거의 없어졌다. 습관적으로 욕을 뱉던 아이들도 아주 가끔씩만 바른말 쓰기를 하게 되었다. 바른말 쓰기를 가장 많이 했던 아이는 태하였다. 생각하지 않고 말을 툭툭 뱉던 아이였다. 화가 나면 감정을 주체하지 못해 일단 소리부터 지르며 욕을 하던 아이가 말을 조심해서 하기 시작했다. 하루는 태하가 바른말 쓰기를 다하고 종이를 가져왔다.

"태하야, 쓴 거 읽어 보자."

"선생님, 근데요. 저 안 보고 할 수 있어요."

"뭐? 진짜? 한번 해 봐."

"신중하다는 것은 어떤 말을 하기 전에, 어떤 행동을 하기 전에 한 번 더 생각하는 것. 존중이란 남을 아무렇게나 대하지 않는 마음가짐."

한 글자도 틀리지 않고 완벽하게 외웠다. 태하도 뿌듯해했다. 나도 그런 태하를 보며 미소 지었다. 아이에게 말하기 전에 신중하게 생각하고 상대방을 존중하며 말해야 한다는 것을 알려 주고 싶었다. 꾸준히, 일관성 있게 확인하고 지키도록 강조하다 보니 아이의 모습이 달라졌다. 학교 폭력에 관한 것, 교사 스스로가 중요하게 여기는 것에 단호함을 보인다면 아이들은 그렇게 만들어져 간다는 것을 깨달았다.

그래도 어려운 부분이 있었다. 단호함은 상대방의 존재를 존중하면서 행동을 훈육하는 것인데 '아이에 대한 존중'이 잘되지 않았다. 나는 단호함을 꾸중과 비난으로 오해하고 있었다. 책을 읽으며 내 생각이 잘못되었다는 것을 알았지만 여전히 내가 자라온 대로, 내가 생각하는 단호함으로 아이들을 대하고 있었다. 단호한 말에 감정을 섞어 아이를 꾸짖기 일쑤였고, 단호한 말투와 행동으로 시작했지만 아이의 반응이 괘씸해서 비난과 면박을 주기도 했다. 존중보다는 미움의 마음이 생겨 단호하게 훈육하지 못했다. 심리학자이자 부모 교육 전문가인 조선미 박사는 단호함을 이렇게 이야기한다.

"단호함은 아이의 생각과 감정을 건드리지 않고, 행동만 지시하는 것입니다. 생각과 감정은 자유롭게 하도록 놔두고 행동만 지시하는 것인데 많은 분이 단호함과 강압적인 것을 섞어서 생각하는 것 같습니다. 감정을 건드리면 강압적인 것입니다."

단호함은 결국 내면의 힘이 있어야 가능한 것이다. 내 신념이 굳고 내가 아이들에게 가르치려는 것이 분명할 때, 아이들의 상황을 이해하고 존중하는 바탕이 갖추어져 있을 때 나오는 것이 단호함이다. 내 삶이 확고하고 내 그릇이 더 넓을수록 커지는 것이 단호함이었다.

아이들 앞에 드러난 인정 욕구, 단호함에 대한 공포는 나의 연약함이었다. 많은 아이를 만나면서 내 부족함이 자연스럽게 드러났다. 아이들을 통해 나 자신을 더 알게 되었고, 내 연약함을 극복하려는 노력도 시작할 수 있었다. 그래서 아이들에게 더 고맙다. 부족한 내가 성장할 수 있는 기회를 주어서, 부족한 나에게 무언가를 배우며 성장해 주어서 말이다.

05

누구에게나 자기만의 상처가 있다

아이들과 지내다 보면 어떤 날은 아이들에게 지나쳤다고 생각할 때가 있다. 내 감정이 지나치게 반응하고 격한 감정에 휩싸인 날이면 어김없이 후회가 밀려온다. 학교에서는 내가 유난히 감당하기 힘든 순간들이 있었다. 아이들이 심하게 다투는 상황을 보면 무력감을 느꼈다. 아이들이 다투는 것이 싫었다. 소리 지르고 쥐어뜯으며 싸우는 모습이 정말 싫었다. 그 상황에서 아이들보다 더 크게 소리도 지르고, 아이들을 서로 떨어뜨려 문제를 해결하려고 시도했지만 그때마다 내 감정은 바닥을 쳤다. 내가 견딜 수 없는 무언가, 나도 모르게 나오는 격한 반응들은 내 어린 시절 상처와 관련이 깊었다.

어렸을 적, 부모님은 자주 다투었다. 늘 말싸움을 했고, 심하게 다툴

때면 집에 있는 물건들이 남아나지 않았다. 아빠는 엄마에게 손찌검을 했고, 엄마도 가만히 당하지만은 않았다. 눈에 보이는 모든 물건을 깨부수었다. 부부 싸움으로 엄마가 병원에 입원하는 경우가 수두룩했고, 싸움 끝에는 항상 끔찍한 장면이 남겨졌다. 널브러진 물건들, 깨진 그릇, 부서진 전화기, 쏟아진 화분, 뜯겨져 내려앉은 커튼……. 아직도 생생하다. 어린 나와 언니는 방문을 잠그고 꽁꽁 숨어 있었다. 이불까지 뒤집어쓰고 두려움 속에서 바들바들 떨었다. 우리가 할 수 있는 일은 아무것도 없었다. 울고 애원하는 일 외에는 말이다.

어릴 적 상처로 나는 싸우는 상황을 극도로 싫어하게 되었다. 다른 사람이 싸우는 상황을 지켜보는 일조차 피하고 싶었다. 나에게는 큰소리를 내거나 큰소리를 듣는 것도 모두 가슴 떨리는 일이었다. 어릴 적 내가 부모의 싸움 앞에 무력했던 것처럼 아이들의 다툼에도 무력함을 느꼈다. 아이들 앞에 내 상처가 수면 위로 떠오른 것이다.

심리학자는 기억을 크게 두 가지로 구분하는데, 외현 기억과 내현 기억이 그것이다. 외현 기억은 사람들이 일상적으로 이야기하는 기억이다. 새로운 경험을 저장하고, 잊어버리지 않도록 유지하며, 회상할 수 있는 정신 기능을 의미한다. 내현 기억은 아주 어린 시절의 기억이 비언어적 형태로 존재하는 것을 의미한다. 내현 기억은 반복적으로 경험하여 '정신적인 모델'을 만들어 낸다. 예를 들어 아기는 반복적이고 안정적인 돌봄 경험으로 엄마는 포근하고 든든한 존재라는 정신적인 모델을 만든다. 내가 싸움은 부정적이고 끔찍한 것, 나를 무력하게 만드는 것으로 생각하는 것과 같다.

내현 기억은 자신이 회상하고 있다는 감각도 없이 현재의 경험에 영향을 미치는 특징이 있다. 내현 기억 속에 있는 상처와 비합리적인 신념이 현재의 경험에 직접적으로 버튼을 누른 것처럼 반응을 일으킨다. 내의지와 상관없이 내현 기억이 과거와 비슷한 상황에서 반사적으로 작동한다. 아이들의 다툼을 버겁게 느낀 것도 내현 기억이 작동했던 것이다.

내현 기억은 어떻게 정리할 수 있을까? 내현 기억의 정리는 내가 해결해야 할 과제다. 나 자신을 위해서, 내 자녀를 위해서, 내 학생들을 위해서 반드시 해야 할 일이었다. 심리학자는 내현 기억을 외현 기억으로 전환시키라고 조언한다. 내가 지나쳤음을 스스로 인정하는 순간, 자신을 깊이 성찰해 보는 것이다.

'과거에 어떤 일이 일어났었지?', '내가 갖고 있는 감정의 원인은 뭘까?', '무엇 때문에 내가 이렇게 힘들지?', '나에게 어떤 상처가 있었지?'

스스로에게 묻고 대답하며 다독이면 된다.

'그래, 그때는 어려서 내가 할 수 있는 것이 없었어.'

'그럴 수밖에 없었던 거야. 이제는 상황이 달라졌어. 내가 경험한 대로 똑같이 행동하는 것은 어리석어.'

'과거는 지난 일이야. 현재의 행동은 내가 결정하는 거야.'

내현 기억을 외현 기억으로 바꾸면 정신적인 모델이었던 큰 덩어리가 과거의 한 사건이 된다. 무의식적인 판단과 반응의 틀이 사라지고 이

성적으로 생각하고 행동할 수 있게 된다. 하지만 심리학자가 한 이야기처럼 내현 기억의 전환은 간단하지 않았다. 생각을 바꾼 후에는 몸에 밴습관을 벗겨내는 일이 남아 있다. 상처를 과거의 한 사건으로 기억하는 것과 현재의 행동을 옳게 하는 일은 별개의 과제였다.

내가 내린 결론은 이렇다. 어린 시절의 상처는 오랜 시간과 많은 노력을 들여야만 해결할 수 있다. 그러니 아이의 양육자가 좀 더 신중하게, 온전히 아이를 기르도록 노력해야 한다는 것이다. 부정적인 내현 기억이 아이의 소중한 삶을 잠식하지 않도록, 상처를 회복하는 데 쓰는 시간과 노력을 최소화하도록 말이다.

신규 교사 시절 3년간 같은 학년을 맡으며 친하게 지낸 언니가 있었다. 언니는 나보다 1년 선배였다. 경력은 1년 차이였지만 언니는 나에비해 학급 경영을 아주 안정적으로 잘했다. 아이들을 잘 이끌었고 정말예뻐했다. 교사가 출장으로 자리를 비우면 그날은 교실이 무법천지가되는데 언니 반은 그렇지 않았다. 선생님이 지시한 대로 모두 질서 정연하게 행동했다. 언니는 같은 학년 선생님들과도 잘 지냈다. 친화력이 뛰어나고 성격이 좋아 모든 사람에게 먼저 다가갔다. 많은 선생님이 언니를 칭찬했다. 오랜 기간 언니를 지켜보며 많은 생각을 했다. 언니 이야기를 듣다 보면 부모님 성격이 어떤지, 가정 환경이 어떤지 알 수 있었다. 솔직한 성격의 언니는 가정사를 가감 없이 이야기해 주었다. 나의가정 환경과 어릴 적 경험을 비교해 보았을 때 언니는 부유하고 안정적인 가정에서 자랐다. 질서 있는 가정 환경 속에서 친근하면서도 권위가 있는 부모 밑에서 자랐다. 나와는 정반대였다. 당시 혼자 가설을 세워 보았다. '좋은 가정 환경에서 자란 교사가 아이들을 더욱 잘 지도할 수 있을까?'

어린 시절 상처가 적은 교사는 아이들과 충돌할 일도 적을 것이라고 생각했다. 비합리적인 정신적 모델이 없기 때문에 아이들을 있는 그대로 볼 수 있고, 아이들의 모난 부분을 보듬을 수 있을 것이다. 자기 상처를 회복할 시간을 아이들을 돕는 데 쓸 수 있다. 내면에 힘이 있어 다양한 아이를 잘 이끌 수도 있다. 가설을 세움과 동시에 '잘 자란 교사가 아이들을 잘 기를 수 있다.'는 결론을 내렸다. 그럼 나는? 나 같은 교사는 아이들을 도울 수 없을까? 어린 시절 상처가 깊은 교사는 아이들에게 아무런 도움도 줄 수 없을까? 그것은 아니었다. 나도 충분히 아이들에게 선한 영향을 줄 수 있다. 특히 상처를 안고 있는 아이들에게 더 가까이 다가갈 수 있다. 선생님도 같은 아픔을 겪었다고, 네 마음을 충분히 이해한다고 말해 줄 수 있는 것이다. 선생님은 이렇게 극복했다고 알려 줄 수도 있다. 아이의 마음을 더 깊이 공감해 주고 더 많이 품어 줄 수 있다.

그런데 시간이 지나 다양한 사람의 이야기를 듣다 보니 누구에게나 차마 말하지 못하는 개인적인 상처와 어려움이 있었다. 정도와 시기의 차이만 있을 뿐, 고난이나 시련을 겪지 않은 사람은 없었다. 내 상처를 지나치게 과장하고 있었다는 사실도 깨달았다. 누구에게, 어떤 교사에게나 개인적인 상처는 존재했다. 이제 각자에게 자신의 상처를 어떻게 받아들이고 앞으로 어떻게 활용할지의 과제가 남은 것이다.

아이들 앞에 서면 내가 드러난다. 내 아픔과 상처, 낮은 자존감, 내 약점이 낱낱이 드러난다. 내가 아이들과 잘 호흡할 때면 내 장점이 보이고, 아이들과 관계가 어긋날 때면 내 연약함이 보인다. 아이들은 나 자신을 깊이 들여다볼 수 있게 한다. 혼자서는 알기 어려웠을 내면의 상처도 수면 위로 드러나게 만든다. 아프고 힘들지만 다시 들추어 보면서 아픔을 정리하도록 안내한다.

아이들과 만남은 생각만큼 아름답지 않을 수도 있다. 언젠가는 나약한 자신과 똑바로 마주서야 한다. 상처투성이의 어린아이, 울고 있는 어린아이, 두려움에 떨고 있는 내면의 어린아이를 바라보고 인정해야 한다. 과거의 정리되지 않은 기억은 정리하고 습관을 벗겨내는 과정도 겪어야 한다.

상처가 실패를 뜻하지는 않는다. 상처가 있기 때문에 아이들에게 더 신중할 수 있고, 상처를 극복했기 때문에 이기는 방법을 알려 줄 수도 있다. 아이들은 앞으로도 계속해서 나를 돌아보게 할 것이다. 내가 이런 사람임을 인정하게 만들 것이다. 나는 그때마다 나를 겸손히 돌아보고 성장할 것이다.

06

동료 교사는 가장 좋은 성장 파트너다

교직 7년 차, 정서적인 도움이 필요한 아이들과 함께 생활하면서 내면의 공포는 커져만 갔다. 내가 낙인찍은 아이들은 교실을 마음껏 헤집어 놓았고, 자존감은 낮아질 대로 낮아졌다. 교실 문을 나서 두세 발자국만 가면 만날 수 있는 동료 교사들을 마주치지 않으려고 일부러 피해 다녔다. 하루 종일 아이들 외에 다른 사람과는 단 한마디도 하지 않고 퇴근했다. 내 자신이 초라하고 창피했다. 아이들을 잘 지도하지 못하는 무능한 교사라고 스스로를 이미 낙인찍었다.

내 소문이 이미 학교 전체에 났을 것 같았다. 반 아이들도 심난하고 담임 선생도 통제가 안 된다는 말이 다른 교사의 입에 오르내리고 있을 것만 같았다. 학교에 있는 것 자체가 괴로웠다. '나만 이렇게 힘든 것일까? 정말 내가 문제일까?' 심각하게 고민했다. 시간이 갈수록 도저히 안 되겠다는 생각이 들었다. 나는 이 아이들을 감당할 수 없고 능력이 없다는 결론을 내렸다. 내가 손을 놓자 아이들은 내 손을 빠져나갔다.

할 수 있다는 생각과 할 수 없다는 생각은 많은 차이를 낳는다. 할 수 있다고 생각할 때는 해내려는 의지가 생겼다. 좀 더 노력하고 견디면 아이들이 변화한다고 믿었다. 언젠가는 아이들이 내 진심과 노력을 알고 내게 돌아오겠지 생각하며 끓어오르는 마음과 부정적인 생각들을 가라앉혔다. 아이들의 장점을 보려고 노력했다. 아이들의 존재를 인정하며 존중하려고 노력했다.

내가 더 이상 아무것도 할 수 없다고 생각했을 때는, 아이들은 심각한 문제아고 변화할 수 없다고 믿었다. 저 아이들은 치료의 대상이니 내버려두고 보통의 아이들과 다르게 생각하자고 결론을 내렸다. 내가 믿고 결심한 대로 아이들을 바라보기 시작했다. 화가 나면 화를 내고, 문제 행동이 보이면 문제아로 낙인찍기를 반복했다. 아이들의 장점은 보이지 않았고, 아이들의 존재 자체가 미웠다. 아이들을 미워하는 내 자신 또한 싫었다.

이런 상황 속에서 내가 버틸 수 있었던 것은 내가 피해 다녔던 주변 사람들 덕분이다. 숨 막히는 하루하루를 보내는 동안 내 옆에서 묵묵히 나를 기다려 준 같은 학년 선생님들과 교감 선생님, 교장 선생님 때문이다. 학년마다 학년부장 선생님이 있다. 학년 업무를 총괄하고 책임을 진다. 학년부장 선생님은 경력 27년이 넘은 베테랑 교사였다. 아이들 생활

지도를 정말 잘하며, 상담 공부도 오래 하셨다.

나는 당시 정기적인 인사이동에 따라 이제 막 학교를 옮긴 상태였다. 학교를 옮기고 나니 다시 신규 교사가 되었다. 학교의 시스템, 교실의 위치, 처음 만나는 선생님과 아이들 모든 것이 새로웠다. 모르는 것이 너무 많았다. 기존 학교에서 했던 일은 쉽게 처리했지만, 비슷한 업무도 방법이 다른 것은 많이 헷갈렸다. 그때마다 옆 반에 있는 학년부장 선생님의 교실 문을 두드렸다.

"부장님, 이것 어떻게 해요?"

"부장님, 이것 좀 도와주세요."

자주 들러 성가실 만도 한데 항상 친절하게 알려 주셨다. 업무뿐만 아니라 아이들 생활 지도, 학습 지도 등도 시간 날 때마다 물었다.

"부장님, 부장님 반은 수업 시간에 주의 집중 어떻게 하세요?"

"부장님, 부장님 반은 급식 줄 어떻게 서요?"

"부장님, 부장님 반은 아침 독서 시간에 왜 이렇게 조용해요?"

"부장님, 알림장 어떻게 꼼꼼히 쓰죠?"

궁금한 것은 바로바로 물어보았다. 내가 노력하고 달라져야 한다고 생각했다. 빨리 능숙해지고 싶었다. 7년 차 교사이지만 경험 없는 새내기 교사처럼 여기저기 물어보고 다녔다. 학년 연구실에 모일 때도 다른 선생님들은 학급 경영을 어떻게 하고 있는지 물었다.

"선생님, 일기 쓰기 지도 어떻게 하세요? 저는 잘 안 되네요."

내가 물어볼 때마다 선생님들은 노하우를 성심껏 알려 주었다.

"아이들의 일기를 읽어 주니까 좋더라. 친구 일기를 들으면서 좋은 글에 대해 생각하게 되고, 일기 쓰기 의욕도 높아졌어."

좋은 방법들은 아이들과 곧바로 시도해 보았다. 하면서 더 좋은 방법들을 새로 만들기도 했다. 다수의 집단지성은 다양한 해결 방법과 지혜를 내놓았다. 그동안 혼자 생각하고 고민했던 우물 안 개구리 태도를 버리고, 내가 살기 위해 문을 두드리기 시작했다. 모르는 것과 궁금한 것을 묻는 일은 처음에만 어색하고 어려웠다. 여러 번 하다 보니 아무렇지 않았다. 내 부족함이 드러나는 것보다 좋은 것들을 많이 알게 되는 만족이 더 컸다.

같은 학년 선생님들은 내가 힘들다는 것을 알고는 학년에서 내가 해야 할 일들을 나누어 처리해 주셨다. 막내로서 많은 일을 해야 했는데 내 일조차 제대로 하지 못하고 있었기 때문이다. 아이들과 소모전을 벌여 지친 날에는 묵묵히 곁을 지켜 주었다. 교사 생활을 하면서 힘들었던 이야기를 먼저 꺼내 위로해 주었다. 자신의 실패담, 힘들었던 아이, 힘들었던 시절 이야기를 솔직하게 해 주었다. 이렇게 저렇게 하라는 조언보다 내 마음을 함께 느껴 주었다. 나도 그런 적 있다고, 지금 이 시기를 잘 넘기면 된다고 옆에서 손을 잡아 주었다. 덕분에 다시 힘을 내어 아이들 앞에 설 수 있었다.

교감 선생님은 내 실수나 잘못을 단 한 번도 질책하지 않으셨다. 내 편에 서서 나를 이해하고 격려해 주셨다. 상심한 마음에 더해지는 비난은 상처 난 곳에 소금을 뿌리는 것과 같다. 교감 선생님은 소금을 치는 대신 약을 발라 주셨다. 나의 낮아진 자존감과 아픈 마음을 먼저 알아 주셨다.

이전 학교에서 방송 업무 외에 다른 업무는 거의 맡지 않았던 나는 새 학교에서 새로운 업무를 익히고 적응해야만 했다. 처음이라 서툰 점도 많고, 실수도 많은데 그때마다 "고마워. 고생했어. 잘했어."라는 말만 하셨다. 나라면, 내가 교감 선생님이라면 이 상황에서 한마디 했을 텐데 왜 그렇게 말을 아끼는지 궁금할 정도였다. '이 일에 대해서는 내가 좀 잘못했다고 이야기하셔야 맞지 않나? 왜 아무 말도 안 하실까?'

반에서 나와 힘들게 지내고 있는 아이들은 이상하게도 교감 선생님을 잘 따랐다. 우리 학교에서는 매주 화요일이 특별했다. 일명 '마이쮸 데이'로, 교감 선생님의 손을 잡고 "사랑합니다."라는 인사를 주고받으면 마이쮸를 받을 수 있다. 우리 반 아이들도 화요일을 기다렸다. 쉬는 시간이 되면 교무실로 달려가 마이쮸를 받고 해맑게 웃으며 돌아왔다.

교감 선생님은 철저하게 아이들 편에 섰다. 나는 아이들을 위하는 척했지만 교감 선생님은 진심으로 아이들을 존중하고 사랑했다. 어느 순간, 나도 아이들처럼 교감 선생님이 좋아졌다. 비난하지 않고 격려하며 내 존재 자체를 고마워해 주시는 분, 나 때문에 골치 아픈 일이 많을 텐데 자신이 힘든 상황에서도 내색하지 않는 분, 나를 보며 항상 활짝 웃어 주시는 분, 그분을 닮고 싶었다.

교감 선생님은 이렇게 나에게 존중을 알려 주셨던 것이다. 아이들을 어떻게 만나야 할지 말로 조언하지 않고 직접 느끼게 해 주셨다. 내게 먼저 존중받는 것이 어떤 것인지 알게 하셨다. 내가 누군가에게 존중받고 보니 아이들을 어떻게 존중해야 할지 알 것 같았다.

'존재를 인정하고, 어떤 상황에서도 믿어 주며, 할 수 있다고 격려해 주는 것'

이제 내가 받은 대로 아이들에게 돌려주면 된다. 쉽지 않지만 내가 받은 존중을 기억하며 노력할 것이다. 아이들과 지내며 어느 순간 나는 작아졌다. 아이들과 학부모, 선생님들의 눈치를 보며 그들의 평가를 두려워했다. 더 이상 마음에 상처를 입지 않으려고 숨거나 때로는 나의 상황을 과장했다. 심한 무기력감에 빠지기도 했다. 학교 일뿐만 아니라 집에서 내 아이들을 돌보는 일까지 손을 놓았다. 그때 내 옆을 지켜 준 건 주변 사람들이었다. 나와 함께 길을 걸으며 매일 묵묵히 동행한 사람들, 그 사람들이 나를 일으켜 주었다. 그분들 덕분에 내 자신을 믿고 다시 일어설 수 있었다. 내가 받은 깊은 위로와 존중을 아이들에게도 똑같이 나누어 주고 싶다.

07
부모를 만나면서 교사도 함께 성장한다

아이들이 크게 다투거나 부모가 알아야 할 일이 생기면 하교 후에 전화 상담을 한다. 전화를 걸기 전에 내가 하는 행동이 있다. 학부모에게 할 말 정리하기. 머릿속으로 정리하거나 입으로 중얼거린 후 수화기를 든다. 할 말이 많으면 종이에 적어 놓고 보면서 통화하기도 하는데, 학부모와 이야기를 나누다 보면 놓치는 부분이 생기기 때문이다. 아이에게 있었던 일을 자세히, 객관적인 입장에서 알려 주기 위해서이기도 하다. 사실 가장 큰 이유는 나를 단속하는 것이다.

신규 교사 시절 나와 전화 상담을 한 학부모가 교장실로 찾아온 적이 있다. 그 후 생긴 버릇이다. 대화 도중 감정적으로 치우치거나 말하려는 본질을 잊고 이야기가 산으로 가는 것을 막으려고 쓰는 방법이다.

나름 대화의 순서도 있다. 아이에게 있었던 객관적인 사실 이야기하기, 나의 걱정 전달하기, 학부모 도움 구하기, 학부모 마음 공감하기, 아이의 장점이나 함께했던 즐거운 일 이야기하기, 긍정적인 전망 이야기하기 순서로 상담을 진행한다.

경력이 쌓여도 여전히 학부모와 하는 상담은 부담된다. 대면, 전화, 문자, 편지 어떤 형태의 상담이든 주저하고 고민하게 된다. 지인과 안부를 묻는 가벼운 연락이 아니다. 대부분 아이의 문제 상황을 전달하고 가정의 도움을 구하려고 하는 연락이다. 그래서 더 부담이 된다. '학부모가 어떤 반응을 보일까, 나는 어떤 말로 학부모에게 응대해야 할까.' 하는 걱정이 앞선다.

상담이 그렇다. 매뉴얼과 답이 있다면 좋을 텐데 그렇지 않다. 각본 없는 즉흥극이다. 상대방이 어떤 이야기를 할지 모르고, 나도 어떤 응답을 해야 할지 모르는 상황에서 전화 통화를 시작한다.

"여보세요? 네, 어머니! 혹시 통화 가능하신가요?"

"네, 선생님. 무슨 일 있나요?"

무소식이 희소식이라고 했던가. 학부모는 대부분 밝고 환하게 응대한다. 아이 담임 선생님이라고 떴으니 그래야만 한다. 하지만 속마음은 그렇지 않다. 학교에서 무슨 일이 있었는지 걱정되고 불안하다. 아이를 먼저 힐끔 쳐다본다.

"네, 어머니. 오늘 태하가 친구들과 다툼이 좀 있었습니다. 태하가 지나가다가 창민이 책상 위에 있는 물통을 실수로 넘어뜨렸어요. 창민이가 물통 떨어진 걸 보고 화가 났나 봐요. 창민이가 야! 하고 소리를 지르니까 태하는 실수한 건데 소리를 지른다며 화가 나서 창민이 배를 발로 세게 한 번 찼어요. 창민이도 화가 나서 손톱으로 태하 팔을 세게 긁었습니다. 서로 몸싸움을 하고 있어 제가 바로 달려가서 두 아이를 떼어놓고 아픈 부분부터 살폈습니다. 우선 보건실에 가서 약을 바르고 오라고 했어요. 둘 다 흥분된 상태라 감정이 가라앉을 때까지 조금 기다렸습니다. 수업 시간이라 쉬는 시간에 불러서 차분히 이야기를 했어요. 네가 그렇게 행동할 때 감정이 어땠는지, 지금은 어떤 감정인지 물었어요. 그리고 어떻게 해결하면 좋을지 이야기하고 서로 사과했습니다. 아마 태하 팔에 손톱자국이 있을 거예요."

"아, 그랬나요? 태하가 많이 화가 났나 보네요."

"실수한 건데 자기한테 소리를 질러서 화가 났다고 했어요. 어머니, 그런데 약간 염려스러운 점은 태하가 자신이 조금이라도 피해를 입거나 손해를 보면 감정을 주체하지 못한다는 거예요. 오늘처럼 몸이 먼저 나가기도 하고, 소리를 지르고 주변 물건을 집어 던지기도 합니다. 어머님도 아시죠."

"음, 집에서는 그런 모습이 잘 안 보이는데요."

"많은 아이가 함께 생활하는 곳에서 아이의 모습은 다를 수밖에 없어요. 태하가 집에서도, 학교에서도 화가 나는 감정을 말로 표현하거나 스스로 감정을 조절하는 연습을 꾸준히 해야 할 것 같아요."

"네, 알겠습니다. 집에서도 잘 지도할게요. 선생님."

"태하가 에너지가 많은 아이잖아요. 오늘도 국어 시간에 역할극을 하는데 태하가 너무 실감나게 잘해서 저도 웃고, 아이들도 많이 웃었습니다. 감정만 잘 조절한다면 태하 마음도 편할 거예요. 함께 노력해요. 어머니."

태하 어머니와는 수십 번 연락한 사이다. 어떤 날은 우호적인 태도로 나오셨지만, 가끔은 싸늘한 반응을 먼저 보였다.

"선생님, 근데요. 태하가 왜 화가 났다고 하던가요? 선생님이 그 이유를 자세히 물어봐 주시기나 했나요?"

자초지종을 자세히 이야기하면 그제야 격앙된 감정을 가라앉혔다.

하루는 태하 어머니와 통화를 하고 마음이 많이 불편했다. 찝찝한 마음으로 전화를 끊고 곰곰이 생각해 보았다. '어머니는 진짜 말씀하신 대로 생각하고 계신 걸까?'

태하 어머니는 내가 아이에게 너무 많은 것을 요구하고 있는 것 같다, 너무 민감하게 반응하는 것 같다고 말했다. 교사 마음과 부모 마음이 다른 것은 당연하다. 교사는 스무 명이 넘는 아이들 사이에 있는 한 아이의 모습을 보지만 부모는 내 품에 있는 내 아이 한 명만 본다. 아이를 보는 관점이 다르니 생각도 다를 수밖에 없다.

나는 관점을 바꾸어 아이 엄마 입장에서도 생각해 보았다. 태하 어머니 입장에 서니 엄마 마음을 조금 더 이해할 수 있었다. 다른 사람에게 내 자녀의 좋지 않은 말을 들을 때, 모두 자기 잘못처럼 느낄 것이다. 내가 아이를 잘못 키워서, 내가 부족해서 아이에게 문제가 있다고 자책

할 수도 있다. 아이의 문제를 누구보다 잘 아는데, 다른 사람에게서 다시 확인받고 안 좋은 소리를 들으니 마음이 답답할 것이다. 아이들 부모 때문에 속상한 날에는 늘 이렇게 생각하며 복잡한 마음을 정리했다. '내가 그 아이의 엄마라면? 그래, 그럴 수도 있겠다. 많이 속상할 거야.' 내 아이가 없을 때는 아이와 자신을 동일시하는 부모를 이해할 수 없었다. 오히려 그런 부모들을 비난하고 다녔다. "아니, 아이랑 자기 문제를 왜 분리를 못해? 아이 문제를 왜 자기 문제로 받아들이는 거야?"

그런데 내 아이를 낳고 보니 아이는 곧 나였다. 내 뱃속에서 생긴 생명이고, 열 달을 품은 내 새끼며, 분신이었다. 아이 손가락에서 눈곱만한 피가 나도 내가 아프고, 아이가 무엇을 못한다는 말을 들으면 내가 비난받은 것처럼 마음이 불편했다. 엄마와 아이는 동일시될 수밖에 없다. 모든 부모가 아이와 동일시에서 시작한다는 것, 아이와 분리하는 데 노력과 시간이 필요하다는 사실을 엄마가 되고서야 진짜 깨달았다. 아이들 엄마의 마음을 내가 엄마가 되고서야 진심으로 공감할 수 있었다.

자기 자녀를 가장 잘 아는 사람은 부모다. 아이의 눈빛만 보아도, 걸음걸이만 보아도 무슨 생각을 하는지, 무얼 하고 싶은지 본능적으로 안다. 아이의 문제를 너무나도 잘 알기 때문에 가장 많이 걱정하는 사람이 부모다. 어떤 상황에서도 아이의 편에 서서 아이를 지켜 내는 사람이다. 그런 부모가 아이의 담임 선생님에게 싸늘한 반응을 보일 때는 부모도 많이 힘든 것이다. 그래서 학부모가 어떤 말을 하든지 좋은 의미로 바꾸어서 듣기로 결심했다. 나를 위해서, 아이를 위해서, 부모를 위해서 학부모는 지금 이 말을 하고 있다, 부모의 속마음은 사실 이런 뜻이다 하고 말이다. '선생님, 저도 잘 알죠. 저도 많이 힘이 듭니다. 도와주세요.'

교사와 학부모의 협력이 어려운 이유는 이기고 지는 논리 때문이다. 각자의 입장에 서서 상대에게 지지 않으려고 애쓴다. 아이를 위해 시작한 대화에서 아이는 사라지고 두 사람의 논쟁이 시작된다. 너는 틀리고 나는 맞다, 당신의 생각은 옳지 않고 내 생각이 옳다, 당신의 방법은 비효율적이고 내 방법이 효율적이다. 시시비비를 가리느라 수십 분씩 통화를 한다. 그러나 통화가 끝나고 나면 결론이 없다. 내가 그랬다. 학부모의 말에 휘말리지 않기 위해 목소리를 높이고 반박하고 강조하고 쓸데없는 소모전을 했다.

교사는 평생 아이들을 만난다. 그리고 그 아이들의 부모도 만난다. 교사와 학부모가 만나는 목적은 오로지 아이를 위해서다. 그러니 상처받은 부모의 말에 상처받을 필요는 없다. 집에 있는 엄마가 아니라 내 눈앞에 있는 아이를 보아야 한다. 아이를 위해 나와 부모가 어떻게 노력할지만 생각하면 된다. 가장 좋은 방법은 부모와 한편에 서 있는 것이다. 같은 편이 되면 승패를 가릴 필요가 없기 때문이다.

아이뿐 아이라 아이의 부모를 만나면서 나를 돌아보게 되었다. 학부모와 불편한 일이 생길 때마다 어떻게 해결할지를 고민했다. 고민하고 공부하면서 학부모 앞에 서는 내 모습도 조금씩 성장해 갔다. 상담 지식을 갖추어 나가는 것뿐 아니라 부모의 마음을 이해하고 기다려 주는 마음의 크기도 함께 말이다.

정 선생에게 성장이란?

　선생(先生)은 먼저 인생을 산 사람이라고 말한다. 아이들보다 세상에 먼저 나와 먼저 삶을 경험한 사람, 자신의 경험과 깨달음을 알려 주는 사람, 아이의 삶에 영향을 주는 한 명의 어른이라고 할 수 있다. 교사(敎士)를 그 뜻대로 가르치는 선비, 가르치는 사람이라고 해석하는 사람도 있다. 아이들에게 지식을 가르치고 인간됨을 가르치는 사람이다.

　신규 교사 시절에는 나와 학생들은 다른 위치에 있다고 생각했다. 교사는 학생보다 우월한 위치에 서서 낮은 위치에 있는 학생들을 가르치는 사람이라고 생각했다. 학생들에게 내가 가진 많은 것을 나누어 주고 보여 주려고 노력했다. 교사로서 나의 약점이 드러나지 않도록 위엄 있는 목소리와 태도로 일정한 거리를 두기도 했다. 상처받지 않으려고 교사의 권위를 적극 활용하기도 했다. 권위로 훈계하고 지시하며 불평등한 관계를 의도적으로 만들었다. "나는 선생님이고, 너희들은 학생이야. 학생답게 행동하자." 아이들에게 했던 이 말이 교사로서 내 자신과 학생들을 어떻게 생각했는지 돌아보게 한다.

지금은 생각이 바뀌었다. 나는 아이들보다 우월하지 않다. 아이들은 나와 대등한 존재이며, 나는 아이들에게서 배우고 아이들은 나를 통해 배운다. 나는 아이들 앞에 실수하고 잘못하기도 하는 불완전한 존재다. 그러니 완벽한 모습을 보이려 애쓰지 말자. 완벽하지 못해서 느끼는 수치심과 불안한 감정을 아이들에게 되돌려 주지 말자. 아이를 자세히 들여다보고 아이와 있었던 일을 깊이 생각하며 배우고 성장하자.

『야누슈 코르착의 아이들』에는 이런 내용이 있다. "아이가 어른과 다른 점은 단 하나, 돈을 벌지 못한다는 것뿐입니다. 생계를 어른에게 의존해야 하기 때문에 어른의 말을 들어야 한다고 강요받고 있는 것입니다." 아이가 어른과 다른 점은 단지 돈을 벌지 못하는 것이라고 말한다. 교사도 마찬가지다. 먼저 살았기 때문에 혹은 선생님이라는 지위를 가졌기 때문에 아이보다 우월하다고 할 수 없다. 아이들과 어른들은 동등한 존재며, 교실이라는 공간에서 매일 함께 지내며 서로가 다듬어져 갈 뿐이다.

나는 올해 아이들과 지내면서 어떻게 성장했는지 생각해 보았다. 나에게 성장은 거대한 일이 아니었다. 대회에 나가 수상을 했다거나 학교 대표로 위상을 떨치는 등 사람들의 환호와 주목을 받는 일과는 전혀 관련이 없다. 짧은 교직 생활에서 가장 힘든 아이들을 만났고, 힘들었던 순간을 지나 이제야 마음이 편해졌다. 아이들을 보는 내 마음과 시선이 평온해지고, 학교 가는 일이 두렵지 않게 된 지금의 상태를 성장했다고 말하고 싶다. 아이들을 통해 자신을 깊이 들여다보고 내 아픔을 꺼내어 본 것이 성장이며, 아이들 때문에 울었던 내가 지금은 아이들 덕분에 웃게 된 것이 성장이다. 나에게 성장은 소박한 일이며, 생각의 작은 변화였다. 눈에 보이지도 않고 남들이 알아챌 수도 없는 스스로에게 느끼는 감정이었다. '내가 많이 달라졌구나, 많이 편안해졌구나, 참 감사하고 행복하다.'는 느낌이다.

아이들을 바라보는 관점과 생각이 변한 것도 나에게는 변화이고 성장이다. 학기 초에 내가 낙인찍었던 아이들은 정상적인 아이들과는 다르다고 생각했다. 아이가 밉고 싫고 내 반 아이가 아니었으면 좋겠다고 생각했다. 지금은 아니다. 아이가 힘들어하는 부분을 어떻게 도울 수 있을까, 이 아이는 얼마나 힘들까, 아이의 장점에 주목하자는 관점으로 변화했다.

나와 아이들, 서로를 물고 뜯었던 관계에서 이제는 눈을 마주치며 웃을 수 있는 관계가 되었다. 잘못한 행동을 꾸중해도 금세 옆에 와서 내 어깨를 주무르고 주위를 기웃거리는 아이들이 되었다. 내가 성장한 만큼 아이들도 성장했다. 아이들도 스스로를 다르게 평가하기 시작했다. 스스로가 보아도 변했다고 말한다. 지금이 좋다고 이야기한다. "선생님, 저 예전 모습으로 돌아가고 싶지 않아요."

자신이 성장했다는 사실을 인정할 때, 아이의 표정과 모습은 말로 표현할 수 없다. 지켜보는 나와 아이의 가슴이 벅차오른다. '나는 더 이상 문제아가 아니야. 나도 변할 수 있구나.' 내면의 소리를 듣고 있는 아이 얼굴은 환하게 빛난다. 너무 기특하다. 너무 예쁘다. 정말 사랑스럽다.

하루는 태하가 화를 참지 못하고 예전 습관대로 행동했다. 친구들을 장난 삼아 놀리고 때렸다는 말이 내 귀에 들렸다. 가장 먼저 느낀 감정은 실망감이었다. 변했다고 생각했는데……. 아이를 보자마자 소리를 질렀다. 실망한 마음에 감정이 지나쳤다.

"너, 또 이럴 거야? 예전에 하던 대로 똑같이 할 거야? 선생님 정말 속상해!"

태하는 나에게 심한 꾸지람을 듣고 나서는 꼭 다른 일을 핑계 삼아 똑같이 분풀이를 했다. 태하가 수업 중에 갑자기 소리를 지르며 책을 구겼다.

"아씨, 짜증나 죽겠네!"

시간이 조금 흐르자 스스로 감정을 정리했다. 누구에 대한 짜증이었을까.

그 날 퇴근 후, 집에 있는데 카톡이 왔다. 태하였다. 며칠 전 스마트폰을 샀다고 자랑하며 카톡 친구 추가를 했는데, 태하가 카톡으로 메시지를 보낸 것이다. '선생님, 오늘 죄송해요.(눈물 이모티콘)' 아이가 보낸 문자를 보자마자 눈물이 났다. 아홉 살짜리 아이가, 그것도 태하가 아까 혼난 일로 잘못했다고 다시 사과한 것이다. 나는 아무 말 없이 하트 이

모티콘을 보냈다. 태하는 하트를 세 개나 다시 보냈다. '정말 많이 달라졌구나, 우리 태하' 입가에 미소가 지어졌다. 방학 중에도 태하에게 연락이 왔다.

"선생님, 어디세요?"

"선생님 집이야. 잘 지내고 있지? 보고 싶다."

"네, 맞아요. 저도요."

짧은 대화였지만 아이가 나를 생각하고 있다는 자체가 너무 고마웠다. 태하에게 함부로 말하고 행동했던 나, 그릇이 부족해 태하를 담을 수 없었던 나, 그런 나에게 먼저 다가와 주고 변화된 모습으로 보답해 주는 아이가 너무 고마웠다.

7년 차 교사인 지금, 그동안 교사로서의 삶을 돌아본다. 나는 꽤 많이 변했다. 일주일을 힘겹게 버티던 교사, 교사의 일을 생계 수단으로만 여겼던 사람, 학교와 학교 밖의 모습이 완전히 달랐던 교사, 매일 술을 마시며 유흥에 빠져 살던 사람이 이제는 다른 삶을 살고 있다. 1급 정교사 자격연수 마지막날 강의자였던 성공회대 고병헌 교수님이 하신 말씀이 기억난다.

"진짜 성장했다는 증거는 돈을 쓰는 곳, 시간을 쓰는 곳, 만나는 사람이 달라지는 걸 의미해요."

교수님 말처럼 나는 돈을 쓰는 곳이 달라졌고, 시간을 쏟는 곳이 달라졌으며, 새로운 사람들을 많이 만나게 되었다. 술값으로만 월급의

2할 이상을 썼던 내가 그 돈을 책 사는 데 쓰고 있다. 책 읽는 데 시간을 쓰고, 교육과 관련된 공부를 하고, 연수에 참석하는 데 시간을 쏟는다. 내가 만났던 술친구들은 이미 멀어졌다. 같은 관심사를 갖고 있는 새로운 사람들과 만나게 되었고, 그들과 이야기하는 시간이 늘었다. 변화하고 성장하는 일은 꽤 행복하고 설레는 일이었다.

사람들은 성장하려고 산다. 평생 성장의 기쁨을 느끼며 산다. 성장은 혼자만의 공간에서 수천수만 시간의 훈련과 노력으로 이룰 수도 있지만 주변 사람들로, 삶에서 겪는 일로 일어나기도 한다. 나는 교사라는 직업을 갖고, 아이들을 만나면서 성장했다. 특히 지독하게 나를 괴롭혔던 세 아이 때문에 더 나은 교사로, 어른으로 성장해 가고 있음을 느낀다. 교사는 가르치는 사람이 아니다. 아이들과 함께 성장하는 사람이다.

4부

나는
행복을 디자인하는
교사입니다

01
나는 행복한 교사입니다

　교사의 삶이 불행했던 순간에서 행복한 교사의 삶을 생각해 본다. 나는 무엇 때문에 그렇게 불행했을까. 왜 그렇게 힘들어했을까. 어떤 상황과 환경 속에서도 행복할 수 있으려면 스스로가 답을 가져야 한다. 아이들, 교육 제도, 주변 사람들은 교사의 행복에 중요한 요인이지만 통제 가능한 변인이 아니다. 교사 개인에게서 행복으로 갈 수 있는 길을 찾아야 한다.

　행복은 주관적인 개념이다. 개인마다 행복의 기준이 다르고, 행복을 느끼는 상황이 다르며, 행복의 정의도 다르다. 깊이 고민해 보지 않고 기분에 따라 행복과 불행을 논하는 사람이 많다. 기분이 좋으면 행복하다, 기분이 안 좋으면 불행하다고 생각하며 이분법적으로 행복과 불행을 가른다. 어떤 것이 행복일까? 어떤 교사가 행복한 교사일까? 답은 정해져 있지 않다. 스스로 답을 고민하고 행복을 정의해야 하며, 적극적으로 노력해서 얻어내야 한다. 지금의 내가 찾은 답은 이렇다.

"행복한 교사란 아이들과 함께 성장하는 교사다."

행복은 결점 없이 좋은 일만 촘촘히 쌓인 상태를 의미하지 않는다. 완벽한 행복이나 완벽한 불행은 이 세상에 존재하지 않는다. 오히려 행복에는 어려움과 아픔, 결점이 끼어들어 있다. 행복감의 총량이 더 많은 상태를 행복이라고 말할 수 있다. 그런 의미에서 성장하는 교사는 행복한 교사다.

성장이라는 말에는 아픔, 어려움, 도전, 인내, 성찰, 회복, 변화, 기쁨, 성취의 의미가 담겨 있다. 성장은 아픔을 딛고 일어선다는 것이며, 성찰하고 변화하여 회복되었음을 의미한다. 또 도전하고 인내하여 성취했다는 뜻이기도 하다. 성장이라는 말에는 결국 만족스러운 상태가 되었다는 의미도 담겨 있다.

성장이라는 말에는 내가 정의한 행복과 관련된 낱말이 모두 들어 있다. 그래서 행복한 교사란 아이들과 함께 성장하는 교사라고 생각한다. 아이들이 성장한 모습을 지켜보는 일은 가슴 뭉클한 일이다.

'언제 저렇게 변했지?, 정말 많이 달라졌다, 이제 그 습관 사라졌네, 이 정도 할 줄 아는 아이가 되었구나.' 아이들 한 명 한 명이 성장한 모습이 눈에 들어올 때, 참 뿌듯하고 가슴 벅차다. 교사로서 나 자신이 성장한 모습을 보는 일 또한 설레고 뿌듯하다. '내가 이 상황을 견딜 수 있는 사람이 되었네?', '학교 오는 일이 좋아, 아이들이 예뻐, 아이들과 이런 일을 잘 해낼 수 있는 사람이 되었어.'

행복이라는 이름 안에는 다양한 감정이 뒤섞여 있다. 그중에서 나는 뿌듯함과 만족감이라는 감정을 행복과 연관 짓는 것 같다. 나와 아이들이 성장하는 모습을 볼 때, 참 뿌듯하고 만족스럽다. 이런 감정을 느낄 때 나는 행복을 온몸으로 느낀다. 행복한 교사란 아이들과 함께 성장하는 교사다. 그래서 나는 지금 행복한 교사다.

02

성공과 실패에서 깨달은 행복 교사 매뉴얼

행복한 교사는 아이들과 함께 성장하는 교사다. 그렇다면 어떻게 해야 아이들과 함께 성장할 수 있을까? 내 성공과 실패의 경험에서 깨달은 것을 이야기하고 싶다.

첫째, 아이들과 교사 자신을 포기하지 말아야 한다.

교사는 힘든 아이, 아픈 아이, 상처 입은 아이를 매년 만난다. 가족의 역할과 기능이 축소되면서 정서적인 문제를 안고 있는 아이들이 점점 늘어나고 있다. 나도 이런 아이들을 여러 명 만나면서 교사를 그만두고 싶은 순간이 찾아왔다. 나의 무능력과 연약함을 그대로 인정해야 했다. 자신을 인정하는 일은 포기가 아닌데 나는 포기라고 착각했고, 나와 아이들을 포기했다. 꺼져 가는 불씨를 짓밟아 아예 꺼뜨렸던 것이다. 그러고는 버티는 삶을 시작했다. '될 대로 되라!' 아무런 대책이 없는 삶에서 상황은 점점 악화되었다. 끝이라고 생각했을 때, 나는 주변 사람들의 지지를 받으며 다시 일어섰다. 포기하지 않기로 결심하고 움직이기 시작하자 변화가 찾아왔다. 다시 해결책을 찾기 위해 책을 읽고, 주변에 조언을 구하고, 학부모와 상담하고, 아이를 격려했다.

끝이 보이지 않던 터널에 끝은 있었다. 포기하지 않았더니 터널을 빠져나올 수 있었다. 끝까지 버티고 발버둥을 쳐야 성장한다. 지금 정신 못 차릴 정도로 힘들더라도 조금만 더 안간힘을 내어 보라고, 써 보라고 말하고 싶다. 포기하지 않으면 아이도, 교사도 성장할 수 있다. 내가 겪는 모든 힘든 일은 성장의 기회임을 잊지 않았으면 좋겠다.

둘째, 아이들과 교사 자신을 믿어야 한다.

아이들과 관계에서 중요한 것은 나의 자존감이었고, 아이들의 자존감이었다. 자존감은 자신에 대한 평가이자 믿음이다. 내가 스스로를 무능력한 교사라고 믿자 아이들에게 말 한마디 하기가 두려웠다. 내 말은 내 안에서부터 힘을 잃었다. 온통 아이들과 주변 사람들의 시선만 보였다. '내가 이 말을 하면 아이들이 따라 줄까?' 아이들을 감당할 수 없다는 생각은 내 자존감을 계속 깎아내렸다. 모든 상황이 바닥을 치고 나서 아이들과 나를 포기하지 않기로 결심했다. 나 자신을 믿어 주기 시작했다. '나는 아이들 앞에 당당하게 설 수 있어. 아이들을 도울 수 있어. 내

존재는 가치 있어.'

의식적으로 생각을 반복했다. 나뿐만 아니라 아이들도 믿었다. 아이의 장점을 바라보며, 존재 자체로 소중한 아이들이라는 생각을 계속 되뇌었다. 나와 아이를 믿는 일에는 의지가 필요했다. 잘되지 않았기에 순간순간 생각을 고치고 관점을 바꾸려고 노력했다. 내 믿음은 실상이 되었다. 나와 아이들은 믿음대로 변화하기 시작했다. 나는 더 이상 아이들 앞에 서는 것이 두렵지 않았고, 아이들은 나의 믿음만큼 조금씩 변화하고 성장했다.

셋째, 아이들에게 눈높이를 맞추어야 한다.

아이들과 힘들었던 원인을 나에게서 찾자면 내 기준이 너무 높았다. 내 생각이 옳다고 판단했다. 아이들을 바꾸려 했고, 지나치게 통제하려 했다. 내가 가진 지식과 준비한 자료의 양은 방대한데, 따라오지 못하는 아이들을 보면 한숨이 나왔다. 마음만 더 조급해졌다. 아이들 수준이 떨어지는 것인지, 학군이 좋지 않은 것인지, 학교 분위기가 문제인지 온통 탓할 거리만 보였다. 나는 저 높은 곳에 있고 아이들은 저 낮은 곳에 있었다. 서로의 간극이 너무 커서 만날 수가 없었다. 교사의 기준이 너무 높으면 교사도, 아이들도 만족할 수 없다. 만족하지 못하면 성취감을 느끼지 못하고 성장할 수 없다.

나는 내 기준을 낮추고 아이들에게 눈높이를 맞추려고 노력했다. 내 욕심을 내려놓고 아이들을 찬찬히 바라보기 시작하자 아이들의 특별함과 장점이 보였다. 해결되지 않을 것 같던 문제들도 조금씩 풀렸다. 나의 높은 이상과 기대를 버리고 내가 지금 여기에서 할 수 있는 일, 해야 하는 작은 일을 찾았다. 아이가 가장 어려움을 겪고 있는 지점을 찾고 거기에서 내가 아이를 어떻게 도울 수 있을지 고민했다. 그리고 지금보다 한 단계 높은 곳에 목표를 두어 한 걸음 더 성장하려고 노력했다.

나와 아이를 포기하지 않고 믿어 주며, 나의 시선을 바꾸자 나와 아이들은 함께 성장하기 시작했다. 내게 성장은 작은 변화다. 변화하고 성장하자 조금씩 행복해졌다. 하나의 행복은 여러 개의 행복으로 번졌다. 한 명의 아이가 변화하자 다른 아이도 변화를 닮아가기 시작했다. 우리 반에 더 이상 '문제아'는 없었다. 단지 어떤 상황에서 나와 친구들의 배려와 도움이 필요한 아이만 존재할 뿐이었다. 누구에게나 장점과 단점이 있기에 그런 아이는 특정한 몇 명의 아이가 아니라 우리 반 전체였다.

신경정신과 의사이자 성장학교 '별'을 설립한 김현수 박사는 『공부 상처』에서 그동안 진행한 상담 경험과 결과를 바탕으로 교사가 행복해지는 데 필요한 조언과 위로를 다음과 같이 제시한다.

- 모든 것이 내 책임이라고 생각하지 말 것, 하지만 내 책임이 아니라고도 생각하지 말 것
- 내가 모든 것을 가르쳐야 한다고 생각하지 말 것, 하지만 내가 가르쳐야 할 모든 것을 준비할 것
- 교사라는 직업을 대단하다고 생각할 것, 하지만 세상의 작은 일부일 뿐이

라고 생각할 것

□ 모든 것이 교사의 책임이 아니라고 생각할 것(이렇게 생각하는 것만으로도 조금은 마음이 편안해지고 유연해진다), 하지만 자신의 책임이 무엇인지 생각할 것

□ 내가 다 가르쳐야 한다고 생각하지 말 것, 하지만 편한 마음으로 내가 가르치고자 하는 것을 준비할 것

김현수 박사는 교사가 행복해지려면 영웅 의식에서 벗어나는 대신 책임을 갖고 행동해야 한다고 이야기한다. 맞는 말이다. 행복해지려면 높은 기대를 낮추어 스스로 만족할 줄 알아야 하고, 행복해지려는 노력도 해야 한다. 내가 할 수 있는 일과 해야 할 일에 최선을 다하되, 욕심내지 않고 희망을 바라보아야 한다.

아이들을 다 보내고 빈 교실에 혼자 남아 있을 때, 마음이 찜찜하고 후회가 되는 날이 있다. 그런 날은 내가 평소와 다르게 욕심을 낸 날이다. 우리 아이들은 왜 이것을 못하는지, 나는 왜 이것을 못하는지, 내가 반드시 아이를 바꾸어 놓겠다, 오늘은 다른 모습을 보여 주겠다고 결심한 날, 내 안에서 악마가 나온다. 불행을 자초한다. 늘 후회하고 반복하지 않을 것을 다짐한다.

행복한 교사의 모습은 정해져 있지 않다. 개인마다 행복의 기준이 다르듯 행복한 교사상도 서로 다르다. 다만 한 가지 공통점은 있다. 행복한 교사의 모습과 아이들의 모습을 꿈꾸고 행복해지려는 노력을 시

작해야 행복한 교사가 될 수 있다는 것이다.

나는 아이들과 함께 성장하는 삶을 살고 싶다. 학년이 끝날 즈음이면 서로 어디가 얼마만큼 성장했는지 나누고 싶다. 그것이 내가 생각하는 행복한 교사의 모습이다.

03
아이들이 행복해야 교사가 행복할까?
교사가 행복해야 아이들이 행복할까?

아이들이 웃는 모습은 참 예쁘다. 어른들이 웃는 것과는 또 다르다. 아이들은 있는 그대로의 감정을 웃는 모습에 담아낸다. 웃으며 소리를 지르기도 하고, 손뼉을 치고 발을 구르기도 한다. 눈을 찡그리고 하얀 이를 드러내며 천진난만하게 웃기도 한다. 아이들이 활짝 웃는 모습을 보면 마음이 따뜻해진다. 마음이 벅차올라 나도 따라 웃게 된다.

흔히들 교사가 행복해야 아이들이 행복하다는 말을 한다. 교사의 에너지나 감정이 아이들에게 영향을 미치기 때문에 하는 말이다. 그만큼 교사는 아이들에게 중요한 존재이기 때문에 이 말에 적극 동의한다. 그런데 반대로 생각해 보아도 맞다. '아이들이 행복해야 교사가 행복하다.'

가정에서 많은 상처와 어려움을 겪고 학교에 오는 아이들과 지내면서 깨달았다. 이 아이들은 자신의 불안과 분노를 가지고 교실에 온다. 그러고는 만만한 친구들에게 자신의 복잡하고 터질 것 같은 감정 덩어리를 쏟아 낸다. 아이 주변에 있는 사람들은 쉽게 영향을 받는다. 부정적인 에너지에 휩싸이고 마음이 휘둘린다. 내면이 불안하고 자존감이 낮은 아이일수록 영향을 많이 받는다. 교실 분위기는 순식간에 요동친다. 한 아이가 미치는 영향력은 생각보다 크다. 한 아이의 감정은 스무 명이 넘는 아이의 마음과 생각을 흔들어 놓는다.

아이들 중에는 학교의 규칙과 교사의 영향을 크게 받지 않는 아이들도 있다. 이미 그 안에 규칙을 지킬 수 있는 능력과 자신을 상황에 따라 조절할 수 있는 능력을 갖추었기 때문이다. 이 아이들은 오히려 교사와 친구들에게 힘을 준다. 어려운 친구들에게 관심을 기울이고, 먼저 나서서 도와주고, 노력하는 친구를 기다려 주며, 긍정적인 에너지를 나누어 준다.

아이들이 행복하면 교사도 행복하다. 아이들이 불안하고 힘들면 교사도 힘이 든다. 아이들이 교실 안에서 많이 웃고 성장하고 자신을 발견해서 행복하다면, 그 모습을 보는 교사도 분명 행복할 것이다. 반대로 상처와 아픔을 갖고 있는 아이들을 만나면 교사도 같이 아프고 힘들 수밖에 없다. 아이의 힘든 시기를 함께 지켜보며 견뎌야 하기 때문이다. 결코 쉽지 않은 일이다.

나는 아이들이 행복했으면 좋겠다. 다른 사람이 뭐라고 평가하고 말해도, 상황이 어렵고 복잡하게 바뀌어도 심지가 굳은 아이들이 되었으면 좋겠다. '나는 소중한 사람이야.', '나는 이 문제를 해결할 능력이 있어.', '괜찮아 다시 하면 돼, 나는 할 수 있어.'라며 자신을 믿고 위로할 수 있는 사람, 도전과 성장을 멈추지 않는 아이들이 되었으면 좋겠다. 그런 아이들과 함께한다면 교사는 분명 행복할 것이다. 아이들이 행복해야 교사가 행복하다.

04

행복한 아이들은 어떻게 만들어지는가?

행복한 아이들 곁에는 어떤 교사가 있을까? 행복한 아이들은 어떤 아이들일까? 행복에 관한 이야기는 너무 깊고 다양하다. 내가 행복을 모두 아는 사람처럼 착각하며 이야기할 수는 없다. 나와 함께한 아이들의 모습에서 찾은 행복과 변화 이야기를 하고 싶다.

첫째, 행복한 아이들은 자신의 존재를 인정받는 아이들이다.

아이들이 가진 재능은 서로 다르다. 한 가지 재능을 타고난 아이도 있고, 여러 가지 재능을 타고난 아이도 있다. 학교에서 만난 대다수의 아이는 자신에게 재능이 없다고 생각했다. 이런 경향은 고학년으로 갈수록, 공부를 잘하지 못할수록 더 심하다. 공부 외에 다른 것을 경험하거나 도전한 적이 없기 때문에 아이들 입장에서 보면 당연할 수도 있다. 그럼에도 행복한 아이들은 자신의 존재를 인정받는 아이들이라 말하고 싶다. 존재를 인정받는다는 의미는 잘하는 것은 잘한다, 못하는 것은 못한다, 너의 기질은 이렇다, 이것은 너의 재능이다 등 아이를 객관적으로 보고 그대로 인정해 주는 사람이 주변에 있다는 것이다. 어른들의 기준으로 아이를 평가하고 판단하는 것이 아니다. 아이를 중심으로 세상을 바라보고, 아이를 중심으로 아이 안에 있는 가능성을 찾아주는 것이다.

나 또한 과거에는 공부, 착한 아이라는 획일적인 기준으로 아이들을 바라보았다. 내가 그렇게 자랐기 때문에 다른 것은 눈에 잘 보이지 않았다. 아이의 개성, 다양한 재능을 찾으려고 하지도 않았다. 내가 다양한 분야에 도전하고 시야를 넓히기 시작하자 아이들의 개성도 점차 눈에 들어왔다. 아이들의 진면목도 제대로 보였다.

우리 반에는 개그맨이 될 아이, 연기자가 될 아이, 아나운서가 될 아이, 야구 선수가 될 아이, 한글은 못 뗐지만 글씨를 가장 바르게 쓰는 아이, 순간 몰입도가 가장 높은 아이, 가장 흥이 많은 아이, 수업 시간에 자주 다른 행동을 하지만 설명만큼은 정말 야무지게 잘하는 아이 등 다양한 아이가 이미 존재하고 있었다. 모든 존재 안에는 보석들이 있다. 한 가지든, 두 가지든, 여러 가지든 반짝거리는 보석들은 아이들의 희망이고 가능성이다. 아이 주변의 어른들은 아이들을 잘 관찰하여 빛나는 보석을 찾고, 자꾸자꾸 인정해 주어야 한다.

둘째, 행복한 아이들은 자신을 인정하는 아이들이다.

주변에 자신의 존재를 인정해 주고 믿어 주는 사람이 있으면 아이들도 스스로를 믿기 시작한다. 잘하는 것은 잘한다고, 못하는 일은 못한다고 솔직하게 인정한다. 부족한 점을 인정해도 스스로가 작아지지 않기 때문이다. 연약함을 인정해도 여전히 주변 사람들은 자신을 지지해 주기 때문이다.

"나는 수학은 잘 못해도, 친구들은 잘 도와줘."

"나는 화를 잘 참지 못하지만, 친구들은 잘 웃길 수 있어."

"나는 수업 시간에 잘 집중하지 못해도, 내가 좋아하는 활동에는 누구보다 열심히 참여할 수 있어."

"나는 달리기를 잘 못하지만, 구구단은 잘 외워."

"나는 소심하지만, 우리 반 우유를 가져오는 일은 빠짐없이 해 왔어."

자신이 잘하는 것이 한 가지라도 있을 때, 스스로가 강점을 인정할 때 아이는 무너지지 않는다. 다시 일어설 힘이 내면에 생긴다. 그것이 아이의 자존감이다. 자존감은 어떤 일을 할 수 있다는 자신감과 깊은 관련이 있다. 행복한 아이는 자신을 인정하고 스스로를 존중하는 아이다.

셋째, 행복한 아이들은 성장하는 아이들이다.

성장은 멈추어 있는 것이 아니다. 머물러 있지 않고 움직이는 것이다. 자신이 잘하는 분야에서, 자신이 노력하고 싶은 분야에서 능력을 발전시키는 것을 성장이라고 할 수 있다. 성장하는 사람은 마음이 뿌듯하고 행복하다. 성장하는 사람의 자존감은 갈수록 높아지며, 삶의 에너지가 계속 샘솟는다. 성장하는 아이들은 행복할 수밖에 없다.

우리 반에는 아주 평범한 여자아이가 한 명 있었다. 학습 능력이나 수업 태도가 아주 평범하여 노력이 필요할 정도였다. 어느 날 우연히 아이의 일기를 읽는데 글을 꽤 잘 쓴다는 사실을 발견했다. 반 친구들에게 일기를 읽어 주고, 글을 참 잘 쓴다고 칭찬해 주었다. 아이는 며칠 만에 달라졌다. 내 옆에 자주 와서 이야기를 하고, 선생님에게 자기 먹을 것을 나누어 주기도 했다. 하루는 자신이 밴드를 만들었는데 나를 꼭 초대하고 싶다고 했다. 밴드에 올린 글을 보고 깜짝 놀랐다. 매일매일 자신이 쓴 글이나 시를 올리고 있었다. 나는 그 아이의 독자가 되었다. 아홉 살 아이가 어떻게 이런 생각을 하고, 이런 열정과 노력을 할 수 있는지 정말 기특하고 대견했다. 아이는 하루가 다르게 점점 밝아지고 목소리도 커졌다. 아이가 행복하니 나도 행복했다. 이 아이를 보면서 확신했다. 행복한 아이는 자신의 존재를 인정받고, 자신을 인정하며, 성장하기로 결심한 아이들이라는 것을 말이다.

많은 아이에게 성장하는 삶이 무엇인지 알려 주고 싶다. 성장하는 삶이 행복한 삶임을 내가 먼저 보여 주고, 성장의 길로 함께 가자고 말하고 싶다. 너희 안에 있는 가능성과 잠재력을 직접 꺼내어 자신의 길을 걸으며, 삶을 성실히 살아 내는 사람이 되라 가르치고 싶다.

교사는 아이들의 행복한 표정을 보면 너무 기쁘다.

교사는 아이들의 작은 성장과 변화가 너무 기특하다.

교사는 아이들이 웃을 때 정말 행복하다.

05

행복한 교사, 분리하고 또 분리하라

아이들 때문에 많이 힘들어할 때, 교감 선생님께서 하신 말씀이 있다.

"정 선생님, 학교에서 아무리 힘들더라도 선생님 삶까지 불행해질 필요는 없어."

"네?"

"학교 정문을 나서는 순간, 하하하 웃고 나가."

"네. 근데 저는 성격 때문에 그게 잘 안 돼요."

내 성격 때문에 고칠 수 없다고 이야기하면 이해해 주시겠지 생각했는데 아니었다.

"그럼 바꿔."

그런 성격이라면 당장 고치라고 하셨다. 교감 선생님께서는 교사의 삶과 개인의 삶을 분리하라고 말씀하신 것 같았다. 사실 예전에는 그렇게 살았다. 학교에서는 교사로, 학교 밖에서는 내 마음대로 말이다. 그런데 그렇게 철없이 살라는 의미가 아니었다. 학교에서 힘들었던 감정과 짐을 가정까지 들고 가지 말라는 의미였다.

나는 ON/OFF가 잘 되지 않는 사람이다. 한 가지 걱정거리가 생기면 계속 생각하고 집착하여 불안을 키우는 사람이다. 그 일이 끝날 때까지는 찝찝한 마음으로 온통 그것만 생각하면서 산다. 그러다 다른 일들을 소홀히 하거나 놓치기도 한다.

가끔은 내가 성인 ADHD를 겪고 있는 것은 아닌가 하는 생각도 들었다. 선택적인 주의 집중, 몰입은 잘하는데, 동시에 여러 가지 일을 처리하거나 모든 일에 에너지를 균형 있게 쏟지 못한다. '과제마다 분리와 집중이 잘되는 사람이었다면 내 삶 전체가 이렇게 힘들지 않았을 텐데……' 교감 선생님의 말씀이 옳을 수도 있다는 생각이 들었다.

아이들과 학교에서 한바탕 전투를 치르고 집에 돌아가면 안방에 가서 이불을 뒤집어쓰고 울었다. 어떤 날은 울다가 지쳐서 그대로 잠이 들기도 했다. 네 살, 두 살이 된 두 아이는 차마 엄마 옆으로 가까이 다가오지 못하고 주변을 맴돌며 둘이서 놀았다. 너무 지친 날은 방문을 걸어 잠그고 들어오지 못하게 했다. 예민한 상태에서 아이들에게 해서는 안 될 말과 행동을 할 것만 같았다. 그런 날은 아빠가 두 아이를 씻기고 먹이고 놀아 주었다. 울고 있는 나까지 달래 주었다. 그런 삶이 몇 달간 반복되었다.

하루는 신경정신과에 가려고 조퇴를 했다. 스트레스가 너무 심해 근육통에 만성피로, 구토 증상까지 나타났다. 정신과에 가서 내가 지금 정상인지 확인하고 싶었다. 당시 나는 약국에서 마그네슘을 사다 먹기도 했다. 약사가 마그네슘 균형이 깨지면 스트레스를 더 많이 받고 민감해진다고 말했기 때문이다. 약사는 카페인이 들어간 커피나 녹차를 줄이고 물을 많이 마시는 것도 스트레스를 줄이는 데 도움이 된다고 했다. 그 날 이후로 매일 서너 잔씩 마시던 커피를 끊었다. 한 달간 커피를 입에 대지 않았다. 아이들과 더 버티려면, 내가 쓰러지지 않으려면 이렇게라도 해야 한다고 생각했다. 내가 할 수 있는 일은 다 했다.

학교에서 아이들과 겪는 문제가 내 삶을 망가뜨렸다. 내 개인적인 삶까지 불행하게 만들었다. 남편과 관계가 힘들어지고, 아이들에게 소홀한 엄마가 되었다. 어느 누구와도 만나고 싶지 않았고, 이야기도 하고 싶지 않았다. 교사로서, 엄마로서, 아내로서 역할을 분리해서 행동하는 일은 쉽지 않았다. 그렇게 해야 한다는 것을 알고 있었지만 감정과 생각이 움직이지 않았다. 내 마음과 몸이 따라 주지 않았다. 어려움과 고통에 온종일 발이 묶여 있었다.

학교 일 말고도 내 개인적인 삶도 변화를 겪고 있었다. 아내가 되고 엄마가 되면서 내가 해야 할 역할들이 늘었다. 결혼 전에는 교사의 역할이 끝나면 퇴근 후 자유로운 내 삶이 있었는데 지금은 그렇지 않았다. 교사의 역할이 끝나면 엄마와 아내로 역할을 바꾸어야 했다. 퇴근은 나에게 휴식이 아니었다. 다른 역할을 시작할 시간과 장소로 이동하는 것뿐이었다. 어떤 사람들은 집에 가는 일은 제2의 직장으로 가는 것이라고 말하는데, 정말 그랬다.

교사, 두 아이 엄마, 아내 세 가지 역할을 동시에 맡게 된 지 1년도 채 되지 않았다. 사실 아직도 적응 중이다. 내 시간은 없고 해야 할 일들만 있는 삶, 나라는 사람은 없고 선생님이나 엄마라는 호칭만 있는 삶이었다. 그렇다고 마냥 답답하거나 숨이 막히는 것은 아니었다. 내 아이들이 주는 기쁨은 혼자였던 시간과는 비교가 되지 않았기 때문이다. 여러 가지 역할이 아직은 버겁게 느껴지지만 포기하고 싶지는 않다. 무슨 일이든 적응하기까지 시간이 걸린다는 것을 알기 때문에 노력하는 중이다. 세 가지 역할을 조금 더 잘 해낼 수 있도록, 한 가지 역할에서 받은 부정적인 감정을 다른 역할까지 가져가지 않도록 말이다.

학교 일이 가정에 영향을 주는 것처럼 예전에는 내 개인적인 문제를 학교로 안고 들어가기도 했다. 남자친구와 다툰 날, 계획했던 일이 어긋난 날, 갑자기 안 좋은 일이 생긴 날에는 아이들에게 불똥이 튀었다. 아이들은 '선생님, 오늘 왜 저러시냐? 집에 무슨 일이 있나?' 하고 생각했을지도 모른다.

나는 역할 분리, 감정 분리를 못하는 어른 아이였던 셈이다. 마음은 울고 있는데 아이들에게는 평상시와 다름없이 대해야 하고, 걱정과 불안이 가득 차 있는데 아이들 앞에서는 웃어야 했다. 교사의 삶은 그래야 했다. 사실 모두가 이렇게 살고 있다. 공과 사를 구분해야 한다는 말이 그냥 있는 것이 아니다.

행복한 교사가 되려면, 내 주변을 행복하게 만들려면 '분리'를 잘해야 한다. 나를 보호하려면 분리를 해야 하고, 남을 보호하려면 분리를 해야 한다. 엄마는 아이의 문제를 자신의 문제에서 분리해야 하고, 교사는 학부모의 문제를 아이의 문제와 분리해야 한다. 아내는 자식과 남편을 자신의 일과 분리해야 한다. 교사는 사적인 일과 학교의 일을 분리해야 하고, 아이들도 가정과 학교의 일을 분리해야 한다. 분리하지 못하는 삶은 질서 정연하지 못하고 어지럽다. 분리를 못하는 사람은 감정적이며 객관적이지 못하다. 주어진 역할도 온전히 수행할 수 없다. 일의 효율도 떨어진다.

몇 달 전까지만 해도 내 남편은 프리랜서였다. 학교에서 동료 교사에게 가장 듣기 싫은 질문은 "남편은 무슨 일해?"였다. 교직에서 여교사 남편의 직장은 늘 화두다. 의사 남편, 교사 남편, 대기업에 다니는 남편이 가장 많다. 자영업을 하거나 불안정한 직업을 가진 사람은 드물다. 남편의 직장과 수입은 나를 드러내는 일부였다. 남편은 나의 소유물 중 하나였다. 그래서 내게는 늘 아프고 가려운 곳이었다. 나는 꽤 오랫동안 나와 남편을 분리하지 못했다.

그러다 어느 순간, 남편과 나를 분리하기 시작했다. 내 일에 집중해서 무언가를 성취하고, 내게 자신감을 가지고 성장하면서였다. 더 이상 남편의 좋은 직업과 조건에 편승하거나 의지하고 싶지 않았다. 나는 나고, 남편은 남편이었다. 내가 잘하는 것이 더 중요하다는 생각이 들기 시작했다.

행복한 사람의 삶은 분리가 잘 된 삶이다. 분리해서 내 역할에 집중하는 삶이다. 내가 예전보다 행복한 사람이 될 수 있었던 비결은 남편과 나를 분리하고, 가정과 학교를 분리했기 때문이다. 학부모와 아이를 분리하고, 아이의 단점과 장점을 분리해서 보기 시작했기 때문이다. 내가 조금 더 행복한 사람이 되자, 조금 더 행복한 교사도 되어 갔다.

06 공교육 교사인 나는 행복한 교사입니다

급식을 먹고 나서 꼭 나를 기다리는 여자아이가 있다.

"선생님, 저 선생님이랑 같이 갈래요."

"벌써 밥 다 먹었니?"

"네."

"그럼 선생님 앞에 앉아서 기다려."

아이는 나에게 들려주고 싶은 이야기를 시작한다.

"선생님. 어제요, 슬펐어요."

"무슨 일이 있었어?"

"네, 오빠가 방문 잠그고 들어가서 안 열어 주었어요. 제가 열어 달
라고 했는데도 계속 안 열어 주었어요."

"그랬구나. 오빠랑 놀고 싶었는데 안 열어 주었구나."

"네. 그래서 속상했어요. 오빠가 중학생 되고부터 그래요. 슬퍼요."

집에서 있었던 일, 태권도장에서 있었던 일, 학교 오는 길에 있었던 일 등 아이 머릿속에 떠오른 말을 모두 한다. 우리 반에서 이야기를 가장 많이 하는 아이, 발표도 무척 열심히 하는 아이, 바로 샛별이다.

샛별이가 어려워하는 것이 하나 있다. 바로 한글이다. 학기 초에는 아는 낱말만 더듬더듬 읽을 수 있었다. 수업 시간에 낱말이나 문장 쓰기, 자기 생각을 짧은 글로 쓰는 활동을 많이 하는데 이때면 항상 내 곁으로 와서 이렇게 말한다.

"선생님, 모르겠어요."

나는 일단 문제를 손가락으로 짚으며 소리 내어 읽어 보라고 한다. 읽은 후에도 한참을 생각한다.

"샛별아, 일단 네 생각을 선생님한테 말로 해 볼래? 글씨 쓰는 건 받침이 틀려도 돼. 생각을 표현하는 게 더 중요하니까."

샛별이는 사실 모르는 것이 아니었다. 굉장히 영특하고 이해력이 높다. 글씨를 못 쓰기 때문에, 글씨를 잘못 쓸까 봐 걱정이 되고 두려워서 늘 모르겠다는 말을 입에 달고 있는 것이다.

샛별이는 수업을 마치고 나와 함께 조금씩 한글을 공부했다. 2학년 학생 중 한글 공부가 필요한 다른 반 아이 두 명도 함께 공부했다. 내가 학년에서 보충 학습 지도를 맡고 있었기 때문이다. 하나같이 한글을 읽고 쓰는 것을 어려워하는 아이들이었고, 자존감이 매우 낮았다. 그나마 샛별이는 학급에서 이야기하고 발표하는 것을 좋아했다. 자신의 생각에 대한 자신감이 어느 정도 있었다.

세 명의 아이가 공부를 시작하려고 한자리에 모였다. 아이들이 웃고 떠들고 이야기하는 모습을 보며 깜짝 놀랐다. 교실에서 말을 잘 하지 않는다던 아이들의 모습은 온 데 간 데 없었다. 세 명이 모인 자리에서 아이들은 그야말로 기가 살았다. 서로 비슷하다고 생각하니 마음이 편했을 것이다. 아이들의 표정은 해맑았다.

한글 지도를 어떻게 해야 할까? 1학년 담임을 맡은 적은 있었지만 반에서 두세 명을 제외하고는 이미 다들 유치원에서 한글을 떼고 왔다. 조금 미숙한 아이들도 1학년 1학기 과정 자체가 학교생활에 적응하며 한글을 익히는 수업으로 채워져 있어 시간이 흐르면서 자연스럽게 한글을 해득했다. 그런데 지금 상황은 달랐다. 2학년 아이들을 단기간에 어떻게 효과적으로 가르쳐야 할지 고민이 컸다. 세 명의 아이는 자연스럽게 노출되었어야 할 배움의 환경이 생략된 상태였다. 상담 전화를 하면 집에 책은 많이 있다고 했다. 책은 많이 있지만 아이들에게 꾸준히 읽어 주지는 않았다. 알아서 책을 읽겠지 생각한 것 같다. 하지만 알아서 하는 아이는 없는 법이다. 보여 주고, 흥미를 느끼게 하고, 혼자 하도록 하고, 습관이 될 때까지 적절한 도움을 주어야 한다.

짧은 기간 한글 지도를 어떻게 할까 고민하면서 서점에서 한글 공부 학습지를 훑어보았다. 조금 충격이었다. 일곱 살 대상 학습지에 초등학교 2학년 국어 교과서에 나오는 짧은 지문 정도의 글이 실려 있었다. '일곱 살 정도에는 이런 글을 읽고 내용을 이해해야 한다는 말이야? 그럼, 이 아이들은 몇 년의 경험을 압축해서 배워야 하지?' 쉽지 않은 일이었다. 결핍과 생략은 아이에게 가장 큰 부담과 짐이 되었고, 그다음은 교사와 부모에게도 걱정거리였다.

한글 지도를 효과적으로 할 수 있는 방법론을 소개한 책도 많이 읽었다. 이 아이들의 경우, 느리지만 글 읽기와 쓰기에 흥미를 잃지 않도록 하는 것이 좋다고 했다. 한글 공부를 생각하면 흔히 낱말이나 문장 따라 쓰기, 받아쓰기를 생각한다. 기본적인 것을 할 수 있어야 하기 때문에 훈련을 하듯 읽고 쓰고 외우는 활동이 필요하다는 것은 이해한다. 그런데 기본적인 수준을 넘어선 그다음은? 흥미와 관심 없이 자발적인 배움을 이어 나가는 것은 불가능하다. 아이들은 학교에서는 단지 4~5시간을 보낼 뿐, 나머지 훨씬 더 많은 시간은 삶에서 배운다. 아이가 접하는 모든 환경이 배움터가 된다.

나는 40분 공부로 한글을 완벽히 뗀다는 생각 자체가 잘못되었다는 결론을 내렸다. 1학기에는 아이들의 자존감을 세우고 학습 동기를 불어넣는 데 초점을 맞추었다. 아이들과 함께 그림책 읽기, 그림책에 나온 낱말 받아쓰기, 그림책을 집에서 여러 번 읽고 다음 날 친구들에게 소리 내어 읽어 주기, 낱말 게임하기 등 즐겁게 한글을 공부하는 시간을 만들려고 노력했다. 어떤 날은 이런 활동도 했다.

"오늘 공부는 여기까지 할게요. 선생님이 여러분 주려고 마이쮸를 사 왔어요."

"우와, 마이쮸 주세요."

"그런데 마이쮸를 받으려면 미션을 성공해야 해요."

"개인 화이트보드에 '선생님, 마이쮸 줘요.'를 써 오세요. 오늘 배운 이중모음도 들어가 있죠?"

"오! 나 할 수 있어."

샛별이가 먼저 나왔지만 탈락. 다음 아이도 탈락. 그다음 아이도 탈락. 세 명 모두 틀렸지만 자기 자리로 달려 들어갔다. 샛별이가 또 나왔다.

"선생님, 이거 맞아요?"

"아, 아쉽다. 선생님이 읽어 볼게. '선생님, 마이쮸 죠요.'라고 썼는데?"

"아, 뭐지. 모르겠다."

"책을 한 번 볼 기회를 줄게요. 자, 이제 덮으세요."

아이들은 모두 문장 쓰기를 성공해서 마이쮸 하나를 가져갔다. 이번에는 단계를 높였다.

"선생님한테 마이쮸 사과 맛, 복숭아 맛, 딸기 맛이 있는데요. '선생님, ○○맛 마이쮸 줘요.'라고 써 오는 사람에게는 쓴 대로 마이쮸를 줄게요."

이미 수업 시간이 지났지만 아이들의 열정은 불타올랐다. 내 자리와 자기 자리를 왔다 갔다 하기를 몇 번, 샛별이는 마이쮸 네 개를 손에 쥐고 집으로 돌아갔다. 다른 아이들도 자기가 쓴 만큼 받아서 돌아갔다.

2개월 동안의 수업이 끝나고 아이들에게 엄청난 변화가 생긴 것은 아니다. 이 아이들은 학습 동기가 낮고 또래에 비해 이해력도 조금 느린 편이라, 작은 성공을 매일매일 느끼게 해 주고 싶었다. 나와 공부하는 동안 아이들은 학교에서 가장 큰 목소리로 말하고 발표하고 즐겁게 웃었다. 그 모습을 보면서 단지 위축되었을 뿐 적극적이지 않은 아이는 없다는 것을 깨달았다.

샛별이는 2학기 들어 일주일에 세 번 정도 한글 공부를 했다. 샛별이가 한글을 읽을 때, 특히 안 되는 부분이 있었다. 받침이 있는 글자를 읽는 것과 이중모음이 있는 글자를 읽는 것이었다. 꾸준히 샛별이 수준에 맞는 교재로 공부하다 보니 이제 웬만한 쓰기는 혼자서도 할 수 있게 되었다. 더 이상 해 보지도 않고 못 하겠다, 모르겠다고 말하지 않았다. 학부모 공개수업을 할 때는 시 바꿔 쓰기 활동지를 빼곡하게 채워 쓰는 기적을 보여 주기도 했다. 샛별이에게는 엄청난 변화였다. 그날 수업이 끝나고 샛별이가 내게 말했다.

"선생님, 한글 공부 노력하고 도전하니까 이제 조금씩 잘 돼요. 저도 신기해요."

아이의 말을 듣고 정말 기뻤다. 아이의 표정을 보고는 눈시울이 붉어졌다. 한껏 부푼 아이의 존재가 정말 기특했다.

나는 어렸을 때 참 성실했다. 받아쓰기 시험에서 100점을 놓친 적이 없었고, 다독상을 받으려고 책을 눈으로만 읽었다. 겉으로 볼 때는 잘하는 학생이었다. 교육대 3학년 작문 시간에 교수님이 내 이름을 불렀다.

"선아! 선아가 누구니? 이리 와 봐."

"아이, 이렇게 쓰면 되니. 이건 기본이잖아."

나는 '무난하다'를 소리 나는 대로 '문안하다'로 썼다. 그것 말고도 몇 개가 더 있었다. 어휘력과 글쓰기 수준이 초등학생 시절에 머물러 있었던 것이다. 바깥에서 주입하고 이끄는 배움은 정해진 수준까지 올라가게 한다. 하지만 자발적인 배움은 그 이상으로 스스로를 이끈다. 나는 아이들을 위해 계속 고민하고 노력하되 천천히, 스스로 알을 깨고 나올 때까지 기다려 주고 싶다. 아이를 힘들게 끌고 가는 것이 아니라 아이가 스스로 움직이게 하고 싶다. 그런 배움을 위해 고민하고 노력한다.

요즘 학생들은 학교와 학원에서 이중생활을 한다. 어떤 사람은 공교육에는 더 이상 희망이 없다고 말하기도 한다. 공교육은 이제 안정적인 돌봄의 기능을 수행하는 곳쯤으로 여기는 사람들도 있다. 그런데 나는 그렇게 생각하지 않는다. 설령 다수가 정말 그렇게 생각하며 살고 있더라도 내 존재가 꼭 필요한 아이들이 있다고 믿는다. 학습이 느린 아이들, 자존감이 낮은 아이들, 상처받은 아이들에게는 공교육이 최후의 보루이자 안전망이다. 그것을 지키는 사람들이 바로 나 같은 공교육 교사다. 나는 이렇게 가치 있는 일을 한다. 그래서 나는 행복한 교사다.

07
동정(同情)
: 같은 처지의 아이들, 같은 처지의 선생님

우연히 동네 작은 책방에 갔다가 신영복 선생님의 『담론』을 펴들었다. 신영복 선생님은 잘 몰랐지만 함자는 자주 들어 기억에 있었다. '비와 우산'이라는 글이 눈에 들어왔다. 돕는다는 것은 물질적인 것이 아니며, 물질적인 경우에도 그 정이 같아야 한다는 말이 마음에 와닿았다.

"돕는 자와 도움 받는 자를 지척에서 관찰하면서 깨달은 것은 그 처지가 다르면서 그 사람을 돕는다는 것은 대단히 어렵다는 사실입니다."
"그 처지가 같지 않고, 그 정이 같지 않은 사람의 동정은 도움이 되지 못합니다. 물질적으로는 도움이 되기도 하겠지만 동정 받는 사람에게는 상심이 됩니다. 동정 받는 사람으로 하여금 그가 동정 받는 처지에 있다는 사실을 한 번 더 확인하게 합니다."

"혼자 비를 맞고 가면 참 처량합니다. 그렇지만 친구와 함께 비 맞으며 걸어가면 덜 처량합니다."

책을 읽으며 나와 내 아이들의 모습이 생각났다. 교직 경력 7년 차, 아이들과 힘들었던 몇 달이 신영복 선생님의 이야기와 비슷했다. 나는 아이들에게 도움을 거의 주지 못했다. 도움을 줄 만한 능력도 없었고, 도움을 줄 만큼 성숙한 사람도 아니었다. 나는 아이들과 싸우고 화해하고 미워하고 사랑하면서 같이 지내 왔다. 그 속에서 나도, 아이들도 조금씩 성장하고 변했다. 비가 오는 날, 아이들에게 우산을 건네준 것이 아니라 아이들과 함께 비를 맞으며 걷고 있었다.

선생님이라고 세상의 모든 지식을 다 아는 것은 아니다. 야무진 우리 반 도진이가 수업 중 이렇게 질문을 했다. 잘 모르는 내용이라 모른다고 말했다.

"선생님인데 이런 것도 몰라요?"

자존심이 상할 만한 말이었지만 아이들 앞에서 모른다는 말을 자주 했던 나는 아무렇지 않았다.

"응, 도진아. 선생님 모르겠다."

도진이는 주변 친구들을 쳐다보며 어리둥절한 표정을 지었다. 그러더니 친구들에게 큰 소리로 이야기했다.

"우와, 선생님 이거 모른데."

"선생님은 더 많이 알고 있는 것을 가르쳐 주는 사람이지만, 모르는 것은 너희랑 같이 생각해 보고 배우는 사람이기도 해."

"아, 그렇구나."

내 답에 적지 않게 당황한 기색이었다. 선생님은 모르는 것이 없어야 하고, 우리랑 달라야 하는데 같은 처지라고 하니 당황할 만도 했다. 감정 표현이 서툰 것도 아이들과 같았다. 분노조절장애라고 생각했던 아이 모습과 내가 아이들에게 화낼 때의 모습이 별반 다르지 않았다.

"애들아, 화나고 속상한 감정은 이해해. 누구나 부정적인 감정을 가질 수 있어. 그런데 그럴 때마다 욕을 하거나 물건을 부수면 안 돼. 화를 삭이고, 스스로 감정을 알아내고, 말로 표현하는 연습을 해야 해."

아이들에게는 늘 이렇게 말해 놓고 정작 나는 화가 나면 인상을 찌푸리고 소리를 질렀다.

"지금 뭐하는 거야? 똑바로 안 해!"

아이들은 내가 수십 번 이야기했던 차분한 말보다 한 번씩 나오는 내 행동을 보며 감정을 표현하는 방법을 배웠을 것이다. 어느 날 이렇게 해서는 안 되겠다고 생각했다. 화가 나면 최대한 스스로를 조절하고, 차분하게 가르친 대로 행동해 보기로 결심했다. 결코 쉽지 않았다.

나를 지독하게 괴롭혔던 아이들이 동시에 싸우고 문제를 일으키는 날이면 참을 수가 없었다. 저 깊은 곳에서부터 분노가 머리끝까지 차올랐다. 평소 같으면 절대 지지 않으려고 있는 힘껏 노력했을 텐데, 이번에는 내가 먼저 몸을 돌렸다. 아이에게 화를 내려는 찰나에 잠깐 뒤로 돌아서서 몇 발자국 걸었다. 벽을 바라보며 숨을 크게 내쉬었다. 분출구를 찾던 감정이 한숨 속에 담겨 나왔다. 아이를 보고 다시 돌아섰다.

"그러니까 지금 선생님이 어떻게 도와주면 좋겠어?"

말의 방향을 완전히 바꾸었다. 아이를 향하려던 화살을 나에게 돌렸다. 아이를 탓하려는 마음의 방향을 문제 해결에 집중하는 방향으로 돌렸다. 다행이었다. 감정 조절 능력이 정말 부족한 아이 앞에서 내가 먼저 감정을 조절하는 모습을 보여 줄 수 있어서 말이다. 가끔은 말 대신 아이를 꽉 껴안았다.

"태하야, 뭐가 그렇게 힘드니. 뭐가 그렇게 아파. 괜찮아."

10분 정도 안고 있으니 아이의 눈물이 그쳤다. 아이의 눈이 투명해지고, 숨도 차분해졌다. 나도 마음속으로 안도했다. '이번에도 잘 넘겼다. 오늘 같은 일은 이제 안 일어날 거야. 한 번 겪었으니.'

한번은 태하 앞에서 화를 주체하지 못하고 종이를 집어 던진 적이 있다. 주변 선생님들과 남편은 한번쯤은 카리스마를 보여 주어야 아이들이 적절한 선을 지킨다고 조언한다. 마음 약한 내가 보여 줄 수 있는 카리스마는 기껏 종잇장을 집어 던지며 주먹으로 책상을 몇 번 치는 정도였다. 태하는 평소와 다른 내 모습에 놀란 것 같았다. 잠시 후 태하 모습을 보며 내가 더 놀랐다. 내가 방금 전에 했던 행동을 그대로 따라 하고 있었다. 감정이 상하는 일이 생기자 속에 있는 모든 분노를 다 끄집어냈다. 나처럼 자기 공책을 집어 던지고 주먹으로 책상을 쳤다. 충격이었다. 내가 아이에게 화풀이하는 방법을 하나 더 알려 준 셈이었다. 아이를 통해 본 내 모습을 한동안 잊지 못했다.

내가 감정 표현에 서툰 것도, 감정 때문에 힘들어하는 것도 아이들과 똑같았다. 내가 더 성숙한 사람이었다면 아이들과 더 편안했을까. 그랬을 것이다. 하지만 이렇게 힘들고 어려운 순간은 성숙한 교사가 되려면 반드시 거쳐야 하는 과정이라고 생각한다. 훌륭한 교사에게는 모두 아픔과 실패가 있었다. 아프지 않고 성장하는 사람은 없다는 것을 잘 안다. 흔들리지 않고 피는 꽃은 없는 법이다.

내가 그저 훌륭하기만 할 뿐 아이들과 동정(同情), 같은 마음을 느끼지 못하는 교사였다면 어땠을까. 신영복 선생님의 글처럼 도움받는 아이에게 상심을 주었을 것이다. 내가 도움받는 사람이라는 상심, 자신의 위치를 다시 확인하는 상심, 아이뿐만 아니라 부모에게도 상심을 안겨주었을지 모른다.

내가 더 높은 곳에 있거나 반대편에 서 있는 상황에서는 진심으로 아이와 부모를 만날 수 없었을 것이다. 나는 아이처럼 부족한 처지였기 때문에 내 마음을 돌이키고 반성하고 노력하는 과정을 거칠 수 있었다. 그래서 부족한 아이와 부모의 마음을 잘 이해할 수 있었고, 그편에 함께 설 수 있었다.

소위 문제아로 불리는 아이와 그 부모는 인생의 내리는 빗속에서 함께 걸음을 옮기고 있다. 부모는 이미 자녀의 편에 서서 함께 비를 맞고 있다. 그리고 그 아이를 우리 반 아이로 맡게 되면서 나도 함께 서게 되었다. 이제 나와 아이, 부모 세 명이 되었다.

"혼자 비를 맞고 가면 참 처량합니다. 그렇지만 친구와 함께 비 맞으며 걸어가면 덜 처량합니다."

우리는 함께 비를 맞으며 걷고, 비가 그친 후 아름답게 피어날 무지개를 그리며 손을 맞잡고 있다. 양손을 맞잡은 아이는 든든하다.

어느 날 아이들이 눈에 들어왔다

교직 생활의 마지막일지도 모른다고 생각했던 1학기가 끝나고, 여름 방학을 맞았다. 방학 동안에는 아이들이 전혀 생각나지 않을 것 같았는데, 아니었다. 나를 힘들게 했던 아이들이 더 궁금하고 보고 싶었다. 미운 정이라도 든 것일까. 방학을 마치고 교실에 들어서며 아이들이 어떻게 자랐을까 궁금했다. 아침 일찍 출근해서 아이들을 기다리고 있었다.

"선생님!" 하며 나를 큰 소리로 부르고 활짝 웃는 아이, 맑고 큰 눈망울로 수줍은 인사를 대신하는 아이, 고개를 푹 숙이고 어색한 미소를 짓고 들어오는 아이, 교실 뒷문 근처에서 힐끔 고개를 안쪽으로 내밀어 나를 쳐다보는 아이 등 하나둘씩 모여드는 아이들이 낯설지 않았다. 몇 주만에 내 친정 식구들을 만나는 느낌이었다. 어느새 아이들과 내가 가족처럼 편안한 사이가 되었다니 보면 볼수록 예쁜 곳이 많은 아이들이다.

아이들은 자리에 앉아 늘 하던 대로 아침 활동을 했다. 더 잘하려고 애쓰는 아이들의 모습을 지긋이 바라보고 앉았다. '여전히 예쁘다.'

"선생님, 안녕하세요!" 적막을 깨고 들어오는 아이는 태하다. 1학기 때도 항상 그랬다. 아이들이 모두 조용한 가운데 책을 읽고 있으면 태하는 교실 문을 벌컥 열고 큰 소리로 인사했다. 멋쩍게 웃으며 들어와서는 친구들에게 말을 걸기 시작했다. 아니면 오는 길에 있었던 일을 전체에게 큰 목소리로 알렸다.

"선생님, 어제 도진이랑 태권도장에서 무슨 일 있었는지 아세요?"

"태하야, 친구들 책 읽고 있으니 아침 시간 소리 규칙에 맞게 귓속말로 해 줄래?"

그러면 내 옆에 가까이 와서 귀에 대고 이야기를 하는데, 결국 반 전체 아이들에게 다 들렸다. 그래도 우리가 만나고 지금까지 한 번도 큰 소리 인사를 거른 날이 없는 태하다. 태하에게는 용기와 소신, 한결같음 등의 미덕이 있다.

1교시 수업을 시작하기 몇 분 전, 창민이가 들어왔다. 아슬아슬하게 도착한 창민이는 부모가 맞벌이라서 아침에 혼자 시간에 맞추어 등교한다. 조금 일찍 오는 날도 있고, 수업 시작하고 오는 날도 있었다. 아침 활동 시간이 충분하지 않는데, 창민이가 와서 가장 먼저 하는 일은 주변을 둘러보는 것이다. 친구들을 둘러보고, 교실을 둘러보고, 새로운 것이 있나 하고 주변을 두리번거린다. 당연히 아침 활동은 못한다. 나는 창민이가 일찍 올 것이라고 기대하지 않았다. 아침 활동을 제시간에 마무리할 것이라고도 기대하지 않았다. 그런데 창민이가 예상하지 못한 행동을 했다. 점심 식사를 하고 아이들과 교실로 돌아왔는데, 창민이가 자리에 앉아 있었다.

"창민아, 너 왜 교실에 남아 있어?"

"네, 이거 덜해서 다하고 가려고요."

다하지 못한 아침 활동을 집에 가기 전에 마무리하고 가겠다는 것이다. 개학 첫날이라 창민이를 남기거나 할 일을 마무리하라고 이야기하지 않았다. 그런데 스스로 책임 있는 행동을 하고 있었던 것이다. 사실 창민이도 해야 할 일이라는 것을 안다. 단지 하기 싫은 마음을 쉽게 조절하지 못하고, 주변 환경에 저절로 관심이 쏠리는 것뿐이다.

방학을 마치고 온 아이들은 많이 달라져 있었다. 사실 방학 동안 아이들을 보고 싶은 마음과 함께 두려운 마음도 있었다. '1학기 때와 똑같은 상황이 되풀이되면 어떡하지?' 하는 불안한 마음도 컸다. 이런 생각이 들 때마다 다시 나를 믿었고 아이들 또한 믿었다. 설령 아이들이 습관대로 행동하고 큰 실수를 저지른다고 해도 나는 다르게 반응하고 행동할 것이라고 끊임없이 다짐했다.

정말 감사하게도 걱정할 필요가 전혀 없었다. 아이들은 어느새 훌쩍 커 있었다. 아이들도 과거의 힘들었던 시간을 기억하며 행동의 한계를 스스로 그었다. '아, 여기까지. 이건 안 돼.' 아이의 속마음을 들여다볼 수는 없지만 머릿속에서 이런 판단을 내린 듯했다. 자기 조절 능력이 조금 더 자란 것이다. 그런 아이들이 참 고마웠다. 스스로 자라고 성장해 주어서, 노력하고 변화해 주어서 말이다.

아이들을 보면 감탄만 나왔다. 아이들의 작은 노력을 놓치지 않고 격려하고 칭찬하려고 노력했다. 예전에는 내 기준에 미치지 못하면 칭찬하지 않았다. 내가 원하는 방법대로 과제를 해결해 오지 않으면 인정하지 않았다. 그래서 아이들의 작은 시도와 노력, 개성과 특별함 따위가 눈에 보이지 않았다. 이제는 아이의 기준으로 아이를 본다. 아이들을 서로 비교하는 것이 아니라 아이의 과거와 현재를 비교한다. 예전에는 이 상황에서 이렇게 행동했는데 오늘은 작은 행동 하나가 바뀌었다고 아이의 성장을 짚어 준다.

아이들은 내가 고맙다고 말할 때 얼굴이 환해졌다. 규칙을 잘 지켜 주어서, 수업 시간에 선생님을 잘 따라 주어서, 스스로 자기 일을 잘해서 '고맙다'는 말을 많이 했다. 아이들은 '잘했다'는 말보다 '고맙다'는 말을 좋아한다. 내가 보아도 대등한 관계, 서로를 존중하는 사이에서는 고맙다는 말이 더 어울렸다.

아이들은 새로운 시작 앞에 잘하겠다는 의지를 보이고 있었다. 세 명의 아이도 꽤 노력하는 모습을 보였다. 하지만 중간중간 본연의 모습이 드러났다. 집중력이 흐트러지기도 하고, 말하는 도중 불쑥 끼어들기도 하고, 내 옆에 와서 기웃거리기도 했다. 꾸중하고 경고하는 대신 다른 방법들을 택했다. 이름을 아주 부드럽게 부르고, 아이가 날 쳐다보면 한 번 웃어 주거나 할 일을 보여 주었다. 친구의 발표를 듣지 않고 다른 행동을 하면 슬며시 아이 옆에 가서 서 있었다. 그래도 눈치를 못 채면 두 손으로 어깨를 감쌌다. 수업 중에 앞에 나오면 미소를 지으며 물어보았다.

"창민아, 근데 지금 왜 나온 거야?"

"아, 그러니까요."

창민이도 수줍은 미소를 지으며 자리로 돌아갔다. 사실 크게 변한 것은 없다. 내가 아이들을 다른 방법으로 대했기 때문에 아이들이 변했다고 생각하지 않는다. 그냥 아프고 힘든 시간들을 함께 보내면서 서로를 진심으로 이해하고 맞추어 나갔을 뿐이다. 아이를 사랑하고 존중해야겠다는 의지와 노력도 있었지만, 어떻게 보면 시간이 지나면서 저절로 서로가 잘 사는 길을 찾은 셈이다. 나도 내 자신을 이해하고, 아이들도 스스로를 인정한 일이 변화의 시작이 아니었을까.

내 인생에서 기억에 남는 순간을 꼽으라면 모두 큰 아픔과 힘든 시간 후에 일어났던 내 삶의 변화다. 조금 더 지혜로웠다면 내 삶이 평탄했을 수도 있을 것이다. 하지만 나는 그런 사람이 아니었다. 경제적으로 힘들 때는 죽고 싶다는 생각도 했고, 첫째 아이가 뜨거운 물을 뒤집어써서 화상을 입었을 때는 이성을 잃기도 했다. 인생의 목적 없이 방탕한 생활을 하고 나서는 그 시간들이 아까워 가슴을 치며 후회했다. 그렇게 바닥을 치고 나서야 정신을 차렸다. '아, 이제 이렇게 살지 말아야지.'

나처럼 아이들도 그랬을까? 수업을 전혀 할 수 없었던 과거에 아프고 수치스럽고 힘든 시간을 함께 보내며 아이들은 자신만의 경계를 만든 것처럼 보였다. 대부분의 아이는 어른들의 말을 잘 듣고 행동을 경계 지었지만, 이 특별한 세 명의 아이는 직접 부딪쳐 보고 다쳐 보고 나서야 후회하고 돌아섰다. 관점을 바꾸어서 보면 도전적이고 소신 있고 용기 있는 아이들이었다. 학교의 틀로 아이들을 보면 분명 이상한 아이들이다. 그런데 인간의 틀에서 보면 참으로 특별하다. 무미건조하지 않고, 있는 듯 없는 듯 묻어가지도 않으며, 자신만의 색깔이 분명하다. 가만히 있어도 빛난다. 그렇다. 지금 우리 아이들은 있는 모습 그대로 빛이 난다.

5부

학교의 진실
: 꿈이 없는 아이들, 그리고 철학의 빈곤

01
학교에서 교사, 아이들, 부모를 만나다

인터넷 검색창에 '학교의 현실'이라고 입력해 보았다. 교사를 향한, 교육 제도를 향한 불평이 가득했다. 주로 학생들이 쓴 글이었다. 화가 난 감정을 주체하지 못한 감정적인 글이 대부분이었지만, 글을 읽는 동안 내 표정은 심각했다. '이게 진짜 학생들의 속마음일까?'

"잘 가르치면 말도 안 해요. 애들이 대부분 학원에 가고 과외를 하니까 대충대충 가르치고. 그래 놓고 못하면 왜 이것도 못하냐……."
"자기들 기분 따라서 애들한테 화풀이나 하고……."
"대충 가르치고, 잘 가르치지도 못하고, 진도도 안 나가는데 어떻게 사교육에 의존하지 않겠습니까?"

"정말이지, 존경할 만한 선생님은 전교 통틀어 한두 명이면 정말 많은 겁니다."

"요즘 워낙 경제가 어렵고 먹고 살기 힘들다 보니 선생님이라는 직업을 대안처럼 선택하는 사람이 많잖아요. 그래서 책임감이나 사명감이 없죠."

"입시 제도가 문제입니다. 고등학교 내내 공부 지옥에 몰아넣고 대학 가면 마음껏 놀라니, 대학 가기 위한 공부를 왜 하는지 모르겠어요."

학생들은 교사와 교육 제도를 탓하고 있었다. 교사 입장은 어떨까? 교사도 똑같이 아이들과 아이들의 가정, 교육 제도에 볼멘소리를 한다.

"요즘 애들은 학원에서 선행 학습을 하고 오니까 수업 시간에 다 안다고 생각하고 배우려고 하질 않아."

"사교육을 더 중요하게 생각하는 아이들과 부모가 문제 아닌가?"

"입시 제도가 근본적인 문제지, 좋은 대학 나오면 뭐해. 다들 공무원 준비하는데."

학생과 학부모는 공교육이 부실하고 믿음이 가지 않으니 사교육을 한다 하고, 교사는 사교육에서 선행 학습을 하니 공교육을 내실 있게 운영하지 못한다고 말한다. 행복과 성장이라는 같은 꿈을 꾸고 있지만 서로를 탓하기에만 급급하다. 우리 교육 현실의 '책임'은 과연 어디에 있을까? 책임을 묻는다는 말은 원인을 찾는다는 말도 되지만, 문제를 어떻게 해결할지 방향과 방법을 고민해 보자는 적극적인 의미이기도 하다. 원인을 무엇으로 진단하고, 어떤 방법으로 해결해야 할까?

나는 지금의 우리나라 교육 현실은 모두의 책임이며, 모두가 노력해야 변화할 수 있다고 믿는다. 교육과 밀접한 관련이 있는 범주를 크게 교사, 학부모, 학생, 교육 제도로 나눌 수 있다. 교육 제도는 시대와 정권의 영향을 받아 주기적으로 변하기 마련이다. 한 개인의 힘으로는 바꿀 수 없다. 교육 제도를 빼고 교사와 학부모, 학생은 스스로를 변화시킬 수 있는 주체다. 각자의 자리에서, 일상의 작은 행동으로, 개혁을 시작할 수 있다.

사람들은 환경이 바뀌면 문제가 해결될 것이라고 막연하게 기대한다. 교사 입장에서는 학생이 바뀌면, 학부모의 태도가 변화하면 힘든 상황이 해결될 것이라고 생각한다. 학생 때문에, 학부모 때문에 지금 내가 불행하다고 푸념하기도 한다. 교사뿐 아니라 학생이나 학부모도 마찬가지다. 그런데 서로를 탓하는 상황에서는 단 한 발자국도 나아갈 수 없다. 어렵고 불편한 환경은 어느 시대에나 늘 있었고 상황을 이겨 내는 사람, 상황 탓을 하며 포기하는 사람은 늘 존재했다. 바꾸기 어려운 주변을 보는 대신 어느 정도 통제 가능한 자기 자신을 돌아보고 변화의 걸음을 걷기 시작하는 편이 훨씬 지혜롭다.

지금부터는 내가 마주한 교직 현실의 이야기를 하려고 한다. 현실을 알아야 해결책을 찾을 수 있기 때문이다. 교사 입장에서 학생과 학부모, 교사 집단을 객관적으로 바라보았다. 한 개인의 시각이며, 상황과 환경에 따라 차이가 분명히 있을 수 있다. 그렇지만 어느 정도 우리나라의 교육 현실을 대변할 수 있다고도 생각한다.

요즘 아이들은?

1. 정서적으로 불안한 아이들이 많다. 아픈 아이들이 많다.

2. 반에서 한두 명을 제외하고 거의 모든 아이가 사교육을 받는다(학습지, 학원 등).

3. 어렸을 때부터 이미 친절하고 훌륭한 선생님을 많이 만났다.

4. 어른을 어떻게 대해야 할지 모른다. 교사가 생각하는 기본적인 '예의'를 잘 모른다.

5. 친구들과 함께 어울려 놀 시간이 없다.

6. 방과후에 집에서 혼자 보내는 시간이 있다.

7. 왜 공부를 해야 하는지 모른다.

8. 학원을 다 마치면 저녁이 되어서야 집에 들어간다.

9. 학업 스트레스를 많이 받는다.

10. 다수의 아이가 책 읽기를 좋아하지 않거나 책 읽을 시간이 없다.

요즘 학부모들은?

1. 다른 반 교사와 담임 선생님, 다른 아이와 내 아이를 비교한다.

2. 교사에게 의존하거나 반대로 교사를 의식하지 않는다.

3. 공부와 성적을 아주 중요하게 생각한다.

4. 단원 평가 결과를 아이의 실력이라고 생각한다. 평가에 민감하다.

5. 부모의 삶 자체가 바쁘고 많이 지쳐 있다.

6. 책을 읽지 않는다. 아이에게 책을 읽으라고 하지만 책 읽는 모습은 보여 주지 않는다.

7. 아이를 어떻게 훈육해야 하는지 모른다.

8. 교육 정책의 변화를 잘 모른다. 부모의 학창 시절 교육을 떠올리며 자녀를 교육한다.

9. 학원과 선행 학습에 집착한다.

10. 자녀들의 정서적인 면을 돌볼 줄 모른다.

요즘 교사들은?

1. 교육 정책의 변화를 알지만 실천하는 데 어려움과 불편함을 느낀다.

2. 반복되는 학교생활에 무료함을 느낀다.

3. 정서적으로 불안한 아이들, 문제아를 다루는 데 어려움을 겪는다.

4. 업무나 잡무가 많아 시간이 없다고 느낀다.

5. 동기가 없는 아이들을 억지로 수업에 참여시켜야 한다.

6. 요즘 아이들을 충분히 이해하며 공감하기 어려워한다. 교사가 자라 온 시

대와는 다르다고 느낀다.

7. 학교 내에서 교사끼리 잘 교류하지 않는다.

8. 전문성을 갖춘 인적 자원은 있지만 내부 시스템이 없다. 자발적인 학습 공동체가 없다.

9. 배우고 성장하는 교사가 많지 않다.

10. 선배 교사들과 후배 교사들의 교사상이 다르다(권위 있는 교사 vs 친절하고 단호한 교사).

여기서는 현실의 문제점을 중심으로 나열했다. '여기서 내가 할 수 있는 한 가지 작은 일은 무엇일까?' 교육의 주체들이 자신에게 꼭 던져야 할 질문이다. 교사로서 나에게 먼저 던져야 할 질문이기도 하다. 교육과 관련된 문제를 의식하고 있는 것, 문제를 해결하려고 행동하는 것이 교사에게 필요한 '교사 의식'이 아닐까 싶다.

02

학교의 진실 1 : 꿈이 없는 아이들

나에게는 늦둥이 동생이 한 명 있다. 내가 고등학교 2학년 때 태어난 남동생이다. 열일곱 살이나 터울이 진 나와 동생은 일찍이 떨어져 지냈다. 동생이 네 살 되던 해, 나는 광주에서 교육대학을 다니기 시작했다. 대개 늦둥이는 외롭게 자란다. 동생에게는 누나가 두 명 있지만 각자 흩어져서 살았기 때문에 외동아들처럼 컸다. 한 달에 한두 번 얼굴을 보는 것이 전부였다.

동생은 크고 작은 문제를 일으키면서 무난하게 자랐다. 어느덧 초등학교 6학년이 되었다. 아이들은 무엇을 위해 공부하고, 어떤 생각을 하며 살고 있는지 궁금해서 동생에게 넌지시 물었다. 반 아이들에게 물어볼 수도 있지만 동생의 말이 더 진실에 가까울 것 같았다. 동생이 집에서 어떻게 지내고, 어떻게 자라 왔는지 너무나도 잘 알기 때문에 동생의 말이 거짓인지 아닌지 쉽게 알아챌 수 있을 것 같았다. 어느 날 커피숍에 앉아 커피를 기다리다 평소와 다르게 진지하게 물어보았다.

"호성아, 너는 학교에 왜 다니는 거 같아?"

선생님 누나가 묻자 적잖게 당황하는 기색이었다. 눈을 이리저리 돌리더니 작은 목소리로 대답했다.

"음, 꿈을 이루려고?"

꼭 선생님 앞에 선 학생처럼 대답했다. 말꼬리도 올라갔다. 내가 원하는 답을 알아맞히려는 듯 눈치를 보며 대답했다.

"꿈? 꿈이라면 나중에 커서 일하는 거?"

내 유도 질문에 동생은 아주 쉽게 걸려들었다.

"응."

꿈은 곧 직업이니, 나중에 커서 직업을 구하려고 공부한다는 의미였다.

"그럼 공부는 왜 해?"

좀 더 수준 높은 질문을 했다. 스스로에게 물어야 답이 나오는 질문이었다.

"음, 몰라."

질문을 조금 바꾸었다. 좀 더 현실적이고 구체적으로 질문했다.

"그럼 학원은 왜 다녀?"

"음, 몰라."

"학원 다니기 싫지?"

"응, 안 다니고 싶어."

"그럼 학원 안 다니고 집에서 뭐하고 싶은데?"

"음, 그러니까 말이야. 혼자서 할 게 없네."

마음이 씁쓸했다. 짧은 대화는 평범한 아이들의 삶을 대변했다. 대부분의 아이가 이렇게 살고 있겠지? 아이의 삶에서 조금 시선을 돌려 보니 어른들의 모습도 보였다. 사실 어른들도 마찬가지다. 어른들의 생각과 삶이 아이들에게 그대로 투영된 것이라고 생각한다. 더 할 말이 없었다. 더 이상 어떤 생각도 들지 않았다.

많은 사람이 행복하게 살려면 공부를 해야 한다고 말한다. 몇몇 시·도교육청에서도 행복한 교실, 행복한 학교를 슬로건으로 내건다. 그런데 정작 아이들은 그렇게 생각하지 않는다. 공부는 나중에 잘 먹고 잘 살려고 하는 것이며, 미래를 위해 지금을 희생한다고 생각한다. 그나마 부모 말을 잘 따르는 학생들의 이야기다. 대부분은 내 동생처럼 미래 때문에 현재를 희생하는 것을 힘겨워한다. 진짜로 행복해지는, 지금 행복한 공부를 하는 이상적인 배움을 실현할 수는 없을까?

아이들에게는 꿈이 없다. 다니고 싶은 직장이 있을 뿐이다. 아이들은 꿈을 직업이라고 생각한다. 그런데 자신이 원하는 직업은 주변 사람들이, 정확히 말하면 어른들이 강요하고 세뇌한 것이다. 아이들이 보고 들은 직업 외에 다양한 직업이 존재함을 잘 알지 못한다. 알지 못하는 직업은 하찮은 일이라고 생각한다. 아이들은 어른들의 생각과 판단에 따라 세상 정보를 채워 간다.

아이들은 꿈을 생각할 시간도 없다. 꿈을 찾으려고 자신을 탐색할 여유도 없다. 부모가 시키는 대로 정해진 일과에 따라 '공부'할 뿐이다. 공부 외의 시간이 주어진다고 해도 무엇을 해야 할지 모른다. 내 동생이 했던 말처럼 말이다. "음, 그러니까 말이야. 혼자서 할 게 없네." 별 '생각 없이' 학생의 삶을 살고 있다는 표현이 더 정확할지도 모르겠다.

어른들과 아이들의 삶은 꼭 닮아 있다. 학교라는 곳이 직장으로, 학생의 신분이 직장인으로 바뀌었을 뿐이다. 학생과 어른들은 비슷한 삶을 살고 있다.

- □ 정해진 시간에 출근해서 해야 할 일을 적당히 혹은 열심히 한다. = 등교 시간에 학교에 가서 공부를 적당히 혹은 열심히 한다.
- □ 많은 돈을 벌려고 일한다. = 좋은 성적을 얻으려고 공부한다.
- □ 꿈이 없다. 있다면 승진이나 돈 많이 벌기 정도다. = 꿈이 없다. 있다면 대학 입학이나 성적 올리기 정도다.
- □ 그 밖에 같은 점 : 남는 시간에 할 것이 없다. 시키지 않으면 굳이 더 하지 않는다. 마지못해 한다. 억지로 한다. 자신이 하는 일이 힘들다고 생각한다.

어른들의 삶은 곧 아이들의 삶이다. 아이들은 부모와 주변의 어른들을 보며 '세상은 저렇게 사는 거구나. 일은 저렇게 해야 하구나. 남는 시간은 저렇게 보내는구나.' 깨닫는다. 아이들은 어른들과 함께 지내며 어른의 삶을 지켜본다. 그리고 그와 비슷한 삶을 따라 산다. 요즘 아이들이 문제라는 말은 요즘 어른들이 문제라는 말과 같다고 생각한다. 꿈이 없는 아이들이라는 말에는 꿈이 없는 어른이라는 말이 내포되어 있다. 아이들의 무기력한 삶에 분명히 어른들은 책임이 있다. 물론 그 안에 나도 포함된다.

아이들의 삶이 행복하기를 바란다면 어른들이 먼저 자신의 삶을 돌아보아야 한다. 꿈 없이 사는 자신의 삶을 먼저 고민해 보고 힘들게 사는 자신의 하루를 돌아보아야 한다. 내 삶에서 행복해질 수 있는 방법들을 찾아서 직접 살아 보고, 그것을 아이들에게 보여 주어야 한다. 행동하지 않고 말만 할 때, 자신들이 못하는 삶을 아이들에게 '강요'하는 꼴이 된다.

"내가 꿈이 없으니 삶이 재미없더라. 그러니 너는 꿈을 가져라.", "나는 공부를 안 해서 이렇게 산다. 너는 공부 좀 열심히 해라.", "나는 책을 많이 안 읽어서 글을 잘 못 쓴다. 너는 책 좀 많이 읽어라."

안타깝게도 감동하지 않으면 움직이지 않는 것이 사람이다. 아이들이 강요를 따를 리가 없다. 어른의 삶으로 아이를 감동시키지 못하면 어른이 하는 말은 늘 잔소리일 뿐이다.

아이들에게 가장 많은 영향을 미치는 두 존재, 부모와 교사에게 이 말을 꼭 하고 싶다. '아이들은 당신을 보면서 당신과 비슷한 삶을 살고 있습니다.' 그래서 아이들 앞에 더 나은 사람이 되어야 한다. 먼저 나라는 사람, 나라는 교사가 말이다.

03

학교의 진실 2 : 철학의 빈곤

아이들은 왜 학교에 다닐까? 왜 공부를 할까?

주어를 나로 바꾸면 '나는 왜 학교에 다닐까? 왜 아이들을 가르치고 있을까?' 하는 질문이 된다. 나는 왜 학교에서 아이들을 가르치고 있을까. 무엇을 위해 아이들을 가르치고 있을까. 돈을 벌기 위해서? 맞는 말이다. 내가 가르치는 일을 좋아하기 때문에? 그것도 이유에 포함된다. 학창 시절부터 친구들에게 공부해서 알려 주는 것을 좋아했다. 아이들이 소중한 존재이기 때문에? 아이들이 나를 성장시키기 때문에? 그것도 가르치는 일을 하는 이유다.

교사도 자신에게 진지하게 물어야 한다. 직업이 '교사'이기 때문에 아이들을 가르친다고 말한다면 교육 수요자 입장에서는 무책임한 답변이라고 생각할지 모른다. 교사니까 어쩔 수 없이 아이들을 가르치고 있다는 말로 들을 수밖에 없다. '그럼 나는 왜 가르치는 일을 하고 있을까?' 답을 찾는 것은 어렵지 않지만, 쉬운 일이 되어서도 안 된다. 답을 찾는 일이 오래 걸리더라도 끈질기게 생각을 이어가야 한다.

교육 철학이라는 말을 몇 년 전부터 자주 들었다. 정확히 말하면 그 말이 자꾸 귀에 박힌 것이다. 없던 관심이 생긴 것이다. 교육 철학은 교사가 가진 교육관이자 가르침으로 이루고 싶은 궁극적인 목표다. 나는 왜 아이들을 가르치며 기르고 있는지, 어떤 아이들로 기르고 싶은지 자문자답하는 것이라고 할 수 있다. 1급 정교사 자격연수를 받을 무렵, 교육 철학을 고민하게 되었다.

2017년 겨울, 1급 정교사 자격연수를 받았다. 교사 자격증에는 1급 자격증과 2급 자격증 두 종류가 있다. 교육대학을 졸업한 후 임용고시에 합격하면 2급 정교사 자격증을 얻는다. 2급 자격으로 학교 현장에 발령이 난다. 학교에서 만 3년을 근무하면 1급 정교사 자격연수를 받을 수 있는 자격이 주어진다. 나는 아이 둘을 낳고 1년 육아휴직을 하다 보니 남들보다 조금 늦게 자격연수를 받게 되었다. 사실 그때도 둘째 아이가 200일 무렵이어서 더 미룰까 고민을 했었다. 자격연수를 마치고 나면 한 호봉이 오르는데, 그 호봉을 더는 미룰 수 없어서 쉽지 않은 상황 속에서 연수를 받았다.

자격연수는 방학 3주간 120시간 정도 집중적으로 받는 출석연수다. 아침 9시에 시작해서 오후 5~6시에 끝난다. 이 정도면 교사 하계 훈련이라고도 할 수 있다. 각 지역교육청에서는 1급 정교사 자격연수에 심혈을 기울인다고 들었다. 교사를 의무적으로 모아 꽤 오랜 기간 훈련시킬 수 있는 기회가 이 한 번뿐일 수도 있기에 그럴 수 있겠다고 생각했다. 자기 계발이 온전히 개인에게 맡겨진 교직 문화에서는 아주 특별하고 이례적인 일이다.

연수에서 많은 강사가 '왜'라는 말을 많이 사용했다. 연수를 기획한 연구사가 모든 강의에 '철학적인' 관점을 넣어 달라고 부탁했다고 한다. 왜 가르치는지, 왜 가르쳐야 하는지 답을 찾는 것이 자격연수의 진짜 목적이 아니었을까?

한 강사는 자신의 교육 철학을 기술하라는 문제를 출제할 수도 있으니 미리 생각해 보라고 했다. 자격연수가 더욱 치열한 이유는 연수 막바지에 치루는 평가 때문이다. 평가 결과는 승진 점수에 어느 정도 영향을 미치기 때문에 연수생들은 그 흔한 지각조차 안 했다. 모범생 집단답게 두 눈에 쌍심지를 켜고 강의 내용을 모두 받아 적고 외웠다. 임용고시 준비할 때 분위기와 비슷했다.

'교육 철학을 쓰라고?' 교육 철학은 나와는 거리가 먼 이상적인 말이었다. 내 인생에 철학도 없는데 교육 철학을 쓰라니……. 같이 수업을 듣는 친구들에게 교육 철학을 무엇이라고 쓸 것인지 물었다.

"너 시험에 교육 철학이 나오면 뭐라고 쓸 거야?"

"나는 작년 선배한테 물어보았어. 배려, 창의성, 사랑 등 좋은 말 다 쓰려고."

다른 반 친구에게도 물었다.

"너는 교육 철학이 뭐야?"

"아, 교육 철학 시험에 나올 수도 있다며? 나 아직 생각해 보지 않았는데. 근데 그게 시험에 나오면 점수를 어떻게 줄까?"

"그러니까, 나도 잘 모르겠다."

"왜 이런 걸 시험에 내지? 중요한 것도 아닌데……."

다들 시험 문제의 정답을 찾고 있었다. 그럴듯한 말을 생각해서 글 짓기를 하느라 고민하고 있었다. 나도 고민이 되기는 마찬가지였다. 그래도 나만의 답을 찾고 싶었다. 최소한 내 고민의 결과를 진실하게 적어 내고 싶었다. 빈 공책에 생각나는 대로 낱말을 적어 보았다. 내 의식과 무의식 속에 있는 단어를 끄집어냈다. 그리고 그중에서 가장 나와 맞는 것, 내 마음에 와닿는 낱말을 골랐다. 단어는 확실히 거리로 답했다. 내 삶과 직접적인 관련이 없는 타인의 말들은 멀게 느껴졌고, 내 삶에서 일어난 일이거나 내 마음에 울림을 준 낱말은 내 손 가까이에 와 있었다. 내가 찾은 단어들은 이랬다. '자존감, 성장, 독서, 도전, 행복'

왜 이 낱말들이었을까? 가난한 삶, 배우지 못한 부모, 비교 의식은 낮은 자존감을 낳았다. 나는 자존감이 낮은 사람이었다. 하고 싶은 말을 삼키고, 외부 평가에 민감했던 삶은 불행했다. 결혼할 무렵부터 책 읽기를 시작했고, 이후에는 자존감과 관련된 책과 아이를 낳고서는 육아 책을 많이 읽었다. 책을 읽으며 나 자신을 생각하게 되었고, 내면을 조금 더 깊이 들여다보게 되었다. 어린 시절의 상처, 잘못된 훈육, 비합리적인 사고방식, 잘못된 생활 방식 등 정상 궤도로 돌려놓아야 할 것이 정말 많았다.

나는 자존감을 높일 수 있는 도전과 노력을 시작했다. 그 과정에서 독서와 도전은 성장의 발판이 되었다. 책을 읽고 도전하며 성장하는 삶은 어떤 방식으로든 열매를 맺었다. 내 경력은 나를 더 가치 있게 만들었다. 타인에게 주도권을 내주었던 삶에서 내가 주도권을 쥔 삶으로 바뀌기 시작했다.

이렇게 내 삶에 의미 있는 낱말들을 아이들에게도 알려 주고 싶었다. 내 인생에 중요한 가치를 아이들에게도 가르쳐 주고 싶었다. 나도 모르는 사이 내 정체성을 아이들에게 드러내고 싶었던 것이다. 의도하지 않았음에도 내 정체성이 드러났고, 나를 스치는 아이들에게 묻어나고 있었다.

미국의 위대한 교육 사상가 파커 파머는 『가르칠 수 있는 용기』에서 이렇게 이야기한다. "만약 학생과 학과가 교직의 어려움을 설명하는 모든 요인이라면, 우리는 해당 학과를 열심히 연구하고 또 학생 심리를 미리 파악하는 기술을 습득하기만 하면 될 것이다. 그러나 교직의 어려움을 더욱 복잡하게 만드는 요인이 있으니, 그것은 우리가 우리의 자아(自我)를 가르친다는 점이다. 다른 진정한 인간의 행동이 그렇듯이, 가르치는 행위도 좋든 나쁘든 인간의 내면에서 흘러나오는 것이다."

교육 철학은 그럴듯한 말을 찾아내는 과정이 아니었다. 교육 철학에는 자신의 삶이 먼저 담겨야 하고, 진실함이 담겨야 했다. 자신의 내면에서 흘러나오는 목소리, 자신에게 선명하게 남아 있는 낱말이 곧 교육 철학이다. 누구나 비슷한 슬로건을 내걸 수는 있지만 그냥 자신과 관련 없는 슬로건일 뿐이다. 그러니 삶의 철학이 곧 교육 철학이 되어야만 한다. 결국 교육 철학이라는 말은 내 삶을 잘 살아야 아이들 삶을 잘 이끌수 있다는 말이다. 아이들은 교사라는 존재를 배운다는 말과도 일맥상통한다.

04

교사 성장 스토리 1
: 아이들의 장점을 발견하다

어느 날 둘째 아이와 아이 아빠가 나란히 누워 낮잠을 자고 있었다. 잠든 아이의 모습이 얼마나 예쁜지 아이를 낳아 본 엄마는 안다. 쌔근쌔근 내는 숨소리, 오밀조밀한 이목구비, 작은 손과 발, 양팔과 두 다리를 쫙 펴고 누워 있는 모습 등 어느 하나 예쁘지 않은 곳이 없다.

아이는 아이라는 이유만으로 사람들에게 사랑을 받는다. 사람들은 아이가 순수해서, 때 묻지 않아서, 잘 웃어서 예쁘다고 한다. 엄마는 아이가 어떤 행동을 하기 때문에 아이를 사랑하는 것이 아니다. 그냥 아이의 존재 자체를 사랑하는 것이다. 나와 같은 분신이 내 눈앞에 있다는 것만으로도 벅차고 감격스럽다. 엄마는 아이가 하는 모든 행동이 사랑스럽고 신기하다. 매일 변해 가고 성장하는 모습이 기특하다. 내 아이이기 때문에 일단, 무조건 사랑스럽다.

아이 옆에 잠든 남편 얼굴을 보았다. 웃음이 먼저 나왔다. 눈, 코, 입이 아이와 많이 닮았다. 누가 보아도 남편의 딸이 맞았다. 아이들이 생기기 전에는 남편만 보였는데 두 아이가 생기고 나니 가끔 한 집에 사는 룸메이트쯤으로 느껴질 때가 있다. 내가 오빠라고 불렀던 사람이 아빠가 되고, 나도 엄마가 되는 과정을 함께 겪으며 부모로 성장하고 있다. 나이를 많이 먹긴 했지만, 그래도 잠든 모습은 꽤 귀여웠다.

아이와 남편이 자는 모습을 얼마간 지켜보다가 문득 이런 생각이 들었다. 아이는 아이라는 이유로 많은 사람에게 사랑받는데, 남편은 왜 그렇지 못할까. 어른들은 왜 사랑받을 조건을 갖추어야만 사랑받을 수 있을까. 좋은 직장, 경제적인 능력, 외모나 내면에 매력이 있는 사람은 그 존재만으로도 사람들에게 환대를 받지만, 그렇지 않은 사람은 보잘것없는 사람처럼 취급된다. 물론 그렇게 대우하지 않는 사람들도 있다. 그런데 내가 남편을 그렇게 생각하고 있었다. 남편이기 때문에 무조건 사랑하고 이해해 줄 수 없었다. 특히 경제적으로 어려운 현실 앞에 남편의 부족한 조건들은 나를 더 조건에 집착하게 만들었다. 불행이었다.

학교에서 아이들은 어떨까? 아이들도 존재만으로 사랑받기는 어렵다. 사랑받을 만한 조건을 갖추어야만 하는 집단 속에서 누군가의 사랑을 받으려고 애쓴다. 좋은 성적, 학교에서 요구하는 생활 태도, 바른 수업 태도, 정답 발표, 규칙 잘 따르기 등 아이들 세계에도 인정과 사랑을 얻는 조건이 있다.

학교는 내 마음대로 하는 곳이 아니며, 인정받을 만한 행동을 해야 인정받을 수 있다는 것을 아이들은 초등학교에 입학할 때부터 학습하기 시작한다. 어쩌면 훨씬 이전이었을 수도 있다. 엄마 품을 떠나 공동체 생활을 할 때부터 시작하여 어린이집과 유치원을 거치며 그 조건과 강도가 커졌을 것이다. 그런데 안타깝게도 그 조건은 어른들과 사회가 정해 놓은 것이다.

기본 생활 습관이나 학습 태도를 갖추지 못한 아이들은 교사에게 잔소리를 자주 듣는다. 사랑받을 조건 중에 큰 부분이 결핍된 아이들이다. 이 아이들과 지내는 일은 꽤 힘들고 맥이 빠진다. 잘못 형성된 습관은 쉽게 변하지 않기 때문에 밑 빠진 독에 물 붓기를 해야 한다. 동료 교사는 이렇게도 말했다.

"아이가 습관을 갖고 있던 시간만큼, 같은 시간을 노력해야 그 습관이 사라져."

3년 동안 그렇게 살았으면 3년을 애써야 겨우 본전 찾기를 하는 것이다. 초등학교 2학년 교실, 학교에서 매일 하루 열 번 정도 하는 말이 있다. 두 아이에게 하는 말은 모두 의미가 같다.

"영수야, 다리!"

"창민아, 자세!"

이 아이들은 의자에 앉아 있는 자세가 문제다. 딱딱한 나무 의자를 소파라고 생각한다. 의자에 죽 미끄러져 거의 누워 있다. 대개는 한쪽 다리만 올리지만, 어느 때는 두 다리 모두 의자 위에 올리고 앉아 있다.

심한 날은 책상 위에 두 다리를 올린다. 아이들의 기본 습관을 그냥 놔둘 수는 없다. 나는 걱정된다며 타이르기도 하고, 화도 내 보고, 눈치를 주기도 했다. 몇 달간 실랑이 끝에 서로에게 좋은 방법을 찾았다. 아이들도 모르는 사이 습관적으로 행동하는 것이기 때문에 스스로 알아채도록 알려 주기로 약속했다.

"영수야, 너는 지금 뼈가 자라고 몸이 만들어지는 중이야. 자세가 구부정하면 선생님처럼 거북목이 된다. 선생님이 걱정되어서 하는 말이야." 이렇게 애정 어린 말로 시작했다가 윽박지르기로 끝난 날도 많았다. "이창민! 또! 내가 몇 번을 말해? 여기가 집이야? 바!른!자!세!"

그러던 어느 날, 셋만 남아 진지하게 이야기를 했다.

"영수야, 창민아. 그럼 선생님이 너희들 자세가 흐트러질 때 어떻게 하면 좋겠니?"

"음, 다리! 이렇게만 말해 주세요."

그날 이후로 나는 아이들과 약속한 말만 했다. 내 욕심도 딱 약속한 만큼만 내기로 했다. 서서히 고쳐질 것이라고 믿으면서 말이다. 10월쯤 놀랍게도 누워 있던 두 아이가 의자에 바르게 앉아 있었다. 몇 백 번, 몇 천 번을 말했을까? 정말 습관은 서서히 바뀌는 것이었다. 당장에 윽박질러서는 습관을 바꿀 수 없다. 나 자신을 먼저 돌아보면 안다. 내가 가지고 있는 습관이 단번에 바뀌지 않는 것처럼 아이들도 마찬가지다. 그러니 길게 보고, 마음에 여유를 갖고, 장기 레이스를 펼칠 생각을 해야 한다는 것을 말이다.

이 아이들에게는 특별한 점도 많았다. 영수는 다른 친구들이 못하는 새롭고 재미있는 생각을 많이 했고, 창민이는 흥과 호기심이 많았다. 조금이라도 흥미로운 과제가 있으면 자리에서 일어나 내 옆으로 달려 나오곤 했다. 의자에 거의 누워 있다가도 호기심이 생기면 수업 중 칠판 앞까지 달려 나오는 아이가 바로 창민이었다. 창민이가 내 옆으로 나오는 수업은 성공한 수업이었다. 아이가 앞으로 나오는 습관 때문에 아이들은 불편해 했지만 한편으로는 내 수업의 피드백을 이 아이를 통해 받으니 좋기도 했다.

가끔은 아이의 모습을 보면서 머리끝까지 화가 나기도 했다. 아이가 정말 걱정이 되어서가 아니라 내가 여러 번 말했는데도 아이가 노력하지 않자 무력감을 느낀 것이다. 내 말을 가볍게 듣는 아이에게도 화가 났다. 아이는 무서움을 알아야 정신을 차린다는 말을 가장 싫어했지만 내 방법에 대한 확신이 흔들릴 때면 나와 어울리지 않는, 내가 싫어하는 방법을 선택하곤 했다. '감히, 내 말을 듣지 않아? 내가 무섭지 않다는 거야? 나의 무서움을 보여 주겠어.'

이런 비합리적인 생각, 감정이 나를 사로잡은 날은 아이에게 불호령을 내렸다. 그리고는 꼭 잠들기 전에 자책했다. '내가 왜 그랬을까? 어차피 아무 효과도 없다는 걸 알면서.' 어떤 날은 수업 시간에 몰입하는 두 아이의 모습을 보는데 가슴에서 사랑이 마구 샘솟았다. '맞아, 이 아이에게는 이런 장점이 있었지!' 그리고 다시 마음을 다잡았다. 아이를 정확하게 보고, 공정하게 평가하자는 다짐을 반복했다.

사람들이 사랑받을 수 있는 일반적인 조건이 있다. 결혼 상대를 고를 때 공통적인 잣대가 있는 것처럼 학교에서도 아이들을 가르는 기준이 있다. 이런 행동을 하면 선생님과 친구들에게 사랑을 받고, 저런 행동을 하면 사랑받지 못한다. 몇 가지 조건만 갖추어도 무난하게 학교생활을 할 수 있다. 모두의 사랑을 듬뿍 받지는 못해도 어느 정도 인정받고 격려를 받으며 지낼 수 있다.

문제는 사랑받을 만한 조건을 눈 씻고 찾아보아도 없는 아이들이다. 이것도 부족하고, 저것도 부족해 보인다. 기본적인 조건도 갖추지 못한 아이는 늘 선생님의 잔소리와 화를 부른다. '도대체 너는 장점이 뭐니?' 이런 아이들의 장점은 꼭 눈을 씻고 찾아보아야 한다. 강점 하나만으로도 아이를 세울 수 있기 때문이다. 아이뿐만 아니라 교사도 세울 수 있다. 아이의 장점을 기억하며 전쟁 같은 상황, 감정이 요동치는 상황을 견뎌 낼 수 있다.

아이를 최대한 객관적으로 보려고 노력해야 아이의 장점을 찾을 수 있다. 아이의 반복되는 작은 문제가 곧 아이 자체는 아니다. 문제는 문제고, 아이는 아이다. 문제와 아이를 분리해야 한다. 자세히 들여다보면 아이에게는 장점도 있고 단점도 있다. 문제가 있는 아이뿐 아니라 늘 칭찬받는 아이도 마찬가지다. 이것은 모든 아이에게 해당된다. 교사로서 한 아이를 볼 때 사실 아이의 전체적인 이미지가 먼저 떠오른다. 하지만 잠시 멈추어 서서 객관적으로 바라보고 공정하게 아이를 살피는 고민의 시간이 반드시 필요하다. '이 아이는 이것을 잘하고 열심히 하는데,

이것은 잘 못해. 노력이 필요해.'라고 있는 모습 그대로 바라보는 연습이 필요하다. 나는 있는 모습 그대로 아이를 바라보는 교사, 그런 교사가 되고 싶다.

"네가 사랑받을 만한 조건을 갖추고 있지 않을 때도 나는 너를 있는 모습 그대로 바라볼게. 갓난아이가 존재만으로 사랑받는 것처럼 너도 사랑받기에 충분한 존재야. 너의 장점을 갖고 마음껏 뛰어. 선생님이 옆에서 도와줄게."

05

교사 성장 스토리 2
: 그래도, 믿고 기다린다

하교할 무렵, 가랑비가 내리기 시작했다. 미리 우산을 챙겨 온 아이들이 대부분이었지만 민아는 우산을 챙겨 오지 않았다. 다행히 교실에 여분의 우산이 있어 민아에게 빌려주려고 말을 건넸다.

"민아야, 이 우산 쓰고 가."

"괜찮아요. 안 써도 돼요."

"우산 써. 비 오잖아. 비 맞으면 안 돼."

"괜찮아요. 집이 바로 앞이라 달려가면 금방 도착해요."

"안 돼. 얼른 가져가."

"진짜 괜찮아요. 비 맞아도 돼요."

"비를 맞는다고? 너 감기 걸려. 안 돼. 무조건 가지고 가."

"아, 진짜 괜찮은데요."

민아는 어쩔 수 없이 우산을 들고 갔다. 교실에 들어와 창밖을 내다보았다. 민아는 내가 준 우산을 쓰지 않은 채 땅바닥을 긁으며 끌고 가고 있었다.

"민아야, 우산 써!"

창밖으로 고개를 내밀어 한 번 더 소리쳤다. 민아는 마지못해 우산을 폈다. 아이들을 믿고 기다리는 일을 어렵게 만드는 감정이 있다. 바로 불안과 걱정이다. 나와 아이의 대화 속에 내 불안과 걱정이 보인다.

'비 맞으면 감기에 걸릴 텐데⋯⋯.'

'감기에 걸리면 민아가 고생할 텐데⋯⋯.'

교사가 아이를 걱정하는 것은 당연하다. 아이가 불편함을 겪지 않기를 바라는 마음, 아이를 보호하고 싶은 마음은 누구에게나 있는 따뜻한 마음이다. 하지만 나는 거기서 불필요한 한 발을 더 내딛었다. 내 걱정과 불안 때문에 아이에게 우산을 쓰도록 강요한 것이다. 아이가 우산을 쓰지 않았다고 내가 걱정한 일들이 실제로 벌어졌을까? 아니다. 나는 아직 오지도 않은 일을 걱정한 것이다. 그것도 부정적인 결론으로 말이다. 그래서 기어코 내가 바라는 행동을 아이에게 하도록 강요했다.

우산 대신 어떤 물건이나 행동을 넣어도 이 '대화의 공식'은 유지된다. 가정에서 부모도 마찬가지다. 숙제, 공부, 씻기, 준비하기, 물건 챙기기 등 소재만 다를 뿐 같은 상황, 같은 패턴의 대화가 이어진다. 양육자의 불안과 걱정, 기대가 아이의 삶을 두르고 있을지도 모른다. 양육자는 아이를 사랑해서 걱정하는 것이라고 이야기하지만 아이 입장에서는 그 냥 잔소리다.

많은 양육서와 교육 관련 책에서 이런 대화는 잘못되었다고 이야기 한다. 첫째, 아이의 과제와 양육자의 과제가 분리되지 않았기 때문이다. 둘째, 아이와 양육자 모두 잔소리에 길들여지기 때문이다. 셋째, 아이는 변화하지 않거나 스스로 성장하는 기쁨을 느끼지 못하기 때문이다.

대화 속에서 교사는 아이가 비를 맞아 고생할 것이라고 생각했다. 비를 맞고 감기에 걸려 앓으면 누가 고생할까? 바로 아이다. 고생도 아 이가 하고 후회도 아이가 한다. 자신이 우산을 미리 챙겨 오지 않은 것, 우산을 쓰지 않은 것을 후회하고 책임지는 것은 다 아이의 몫이다. 이 상황에서 아이는 행동을 결정하고 스스로 책임을 진다. 자신의 행동에 대한 자연적인 결과를 겪게 된다.

양육자가 자신과 아이의 문제를 분리하기란 쉽지 않다. 인내하고 연 습하는 과정이 필요하다. 우리에게는 이미 간섭하고 대신해 주고 걱정 하는 습관이 있다. 그러므로 눈에 거슬리더라도 가만히 지켜보고, 말하 고 싶어도 꾹 참고, 아이 스스로 잘 해낼 것이라 믿는 연습을 반복해야 한다. 양육자는 올바른 길에 서서 아이와 적절한 거리를 유지한 채로 격 려하고 공감하는 정도의 개입만 하면 된다.

또 의식적으로 문제를 분리하려고 노력해야 한다. 노력하는 과정에 서 양육자는 자기 조절 연습을 꽤 많이 할 수 있다. 더 나은 해결책을 고 민하고 찾게 된다. 그렇지 않고 아이 문제에 깊이 간섭하기 시작하면 부모도, 아이도 잔소리의 악순환에 빠진다. 양육자는 끊임없이 잔소리를 하고, 아이도 끊임없이 하지 않는다. 잔소리의 강도만 더 세진다. 침묵의 반항이든 말대꾸든 아이의 반항도 함께 커진다. 처음에 아이를 걱정했던 마음은 잊어버리고 오늘 내가 이 아이의 고집을 꺾겠다는 투지를 불태운다. 문제는 이런 상황 속에 빠져 있을 때는 무엇이 잘못되었는지 보이지 않는다는 것이다. 감정의 소용돌이 속에서 아이와 끝나지 않을 실랑이를 할 뿐이다. 한 발자국 떨어져서 가능하다면 제3자의 입장에서 이런 비슷한 상황을 관찰하는 기회를 많이 가졌으면 좋겠다.

가끔 친정에 가면 부모님이 초등학생인 막내 동생을 어떻게 훈육하는지 자세히 관찰했다. 어떤 말을 주고받는지, 아이는 언제 행동하기 시작하는지, 아이에게 긍정적인 말을 얼마나 하는지 모르는 척 지켜보았다. 부모님과 동생도 이미 잔소리에 길들여져 있었다. 한번은 엄마가 막내 동생에게 양치질을 하라고 말했다. 막내 동생은 처음에는 못 들은 척하더니 마침내 침묵으로 버티기 시작했다. 엄마의 잔소리는 더 커지고 앙칼지게 변했고, 양치질을 하라는 말을 무려 아홉 번이나 하고 나서야 막내 동생은 움직이기 시작했다. 그마저도 곧 매를 들 것 같은 엄마의 상태를 보고 움직인 것이다. 아홉 번 같은 소리를 들은 후 30초 고양이 양치질을 마쳤다. 지켜보던 나는 마음이 답답했다. 엄마는 기다리지 못하는 조급증에 걸린 사람 같았다. 그리고 동생은 엄마가 한계에 다다를 때까지 기다리는 것처럼 보였다. 차라리 아이에게 양치질을 언제 할 것인지 물어보아서 스스로 언제 할 것인지 말하도록 하고, 아이가 약속 시간에 하지 않았을 때 "시간 되었다. 지금 하자."라고 말했다면 어땠을까?

어찌되었든 아이는 양치질을 한다. 아이가 결정한 시간에 양치질을 스스로 했다면 책임감과 성취감은 모두 아이에게 돌아온다. 반대로 엄마의 잔소리 때문에 양치질을 했다면 누군가가 시켜서 한 일이기 때문에 아이는 짜증스러운 마음을 갖게 된다. 만족감은 엄마에게만 돌아간다. 두 상황의 결과는 같지만 아이의 마음에서 얻는 결과는 극과 극이다. 부모의 불안이 하지 않는, 늦게 하는 아이를 만들었을지도 모른다. 양육자는 자신의 불안한 마음을 인정하고 아이를 믿고 기다리는 연습을 해야 한다. 아이의 삶에 쏟을 시간과 관심을 자신의 삶으로 가져와야 한다. 아이는 잔소리를 들어서 깨닫는 것이 아니라 누군가의 삶을 보고 변화하기 때문이다. 학교는 가정에 비해 아이들을 믿고 기다리는 일에 더 많은 제약이 있다. 학교는 다수의 아이를 대상으로 단위 시간 내에 교육 과정의 성취 기준을 달성하도록 해야 한다. '다수, 정해진 시간, 정해진 목표'라는 제약이 있어 교사는 늘 머리가 아프다. 마치 양치기가 양떼를 몰고 가는 것처럼 아이들을 몰고 가야 하는 상황에 처한다.

"서두르자.", "그건 안 돼.", "몇 번을 말해야 하니?", "지금 당장 해.", "친구들이 기다린다."

내가 학교에서 아이들에게 자주 하는 말이다. 늘 여유가 없다. 이것을 얼른 해내야 하는데 잘 따르지 못하는 아이들을 볼 때면 습관처럼 잔소리를 한다. 마치 아이들은 양떼, 나는 뒤따르는 양치기 같다. 양떼를 뒤에서 몰고 갈 때, 양치기는 참 불안하다. 뒤처지는 양을 재촉해야 하고, 다른 데 정신이 팔려 있는 양을 끌고 와야 하며, 계속해서 앞을 보고 가라고 다그쳐야 한다. 목적지에 안전하게 도착할 때까지 쉬지 않고 같은 말, 같은 행동을 반복해야 한다. 다음 날, 그다음 날도 양떼와 양치기는 똑같이 행동한다. 내가 불안함에 허덕이는 양치기가 아니라 여유 있는 목자라면 어떨까. 목자가 맨 앞에 서서 종을 흔들며 "나를 따라와. 가자."라고 말한다. 양들은 주인 소리를 알아듣고는 따른다. 재촉하거나 끌고 오거나 외치지 않아도 양들은 스스로 주인을 따른다. 물론 잘 따르는 양, 걸음이 느린 양, 한눈팔다 느지막이 돌아오는 양도 있을 것이다. 그래도 목자는 양을 믿고 기다린다. 한두 번 길을 잃어 어둠을 헤맸던 양은 다음에는 그쪽으로 가지 않는다. 시간이 흐르면 목자의 종소리만 듣고도 모두들 안전한 곳으로 돌아온다. 모두가 같은 걸음으로 들어오지는 않지만 안전하게 귀가하면 그만이다.

이 무리 속의 양들은 어떨까? 목자의 소리를 듣고 스스로 걸음을 뗀다. 위험한 곳에 갔다가 두려웠던 경험을 떠올려 알아서 그곳으로 가지 않기로 결정한다. 목자가 자신을 믿고 기다린다는 것을 알고 그 믿음을 지키기로 스스로 결심한다. 양치기와 목자의 차이는 믿음과 기다림이다. 양들을 믿기 때문에 기다릴 수 있는 것이다. 사실 더 깊이 들여다보면 목자 자신은 믿을 만한 사람이다. 그래서 양들을 믿을 수 있는 것이다.

아이들을 믿고 기다리는 일은 말처럼 쉽지 않다. 믿고 기다리는 일은 그냥 내버려두는 것도 아니고 불안한 마음에 잔소리하거나 윽박지르는 것도 아니다. 내가 너를 반드시 이런 사람으로 바꾸어 놓겠다는 의지도 아니다. 오히려 이런 의지는 욕심을 불러오기 쉽다. 욕심은 조급함을 부르고, 조급함은 기다리는 일과는 정반대다. 믿고 기다리는 일은 진심으로 아이를 '믿고', 당장의 변화가 보이지 않더라도 조금 더 '기다려 보는' 것을 의미한다. 그래서 결코 쉽지 않은 일이다.

나도 아이들을 믿고 기다려 보자고 다짐했다가 다시 불안하고 조급해진 모습을 발견한다. 내가 변해 있을 때는 아이들의 모습도 달라져 있다. '왜 이렇게 힘들지? 왜 내게 불편한 감정을 주는 거야?' 평소와 다른 아이들을 마주할 때는 가만히 스스로를 돌아본다. 어느 순간 내가 습관처럼 아이들 앞에 욕심과 불안과 걱정을 드러내고 있다.

나는 부족한 교사다. 매일 실수하고 후회하고 다짐하기를 반복한다. 교사로서 내 자신은 믿음직스럽지 못하다. 아이들이나 나나 다를 것이 없다. 경력이 쌓이면 좀 더 온전해질까? 아이들과 문제도 없어질까? 모든 아이들을 행복하게 만드는 교사가 되어 있을까? 진지하게 고민해 본 적이 있다.

주변 교사들을 지켜보면서 그렇지 않다는 것을 알았다. 스무 명 이상이 모여 사는 곳에 어떻게 천편일률적인 평온함이 있을 수 있을까. 그 평온함을 어떻게 교사가 만들어 낼 수 있을까. 불가능한 일이었다. 아픔과 실패가 없이는 성장할 수 없다. 인간의 성장 방식이 그렇다. 어쩌면 교사의 삶이란 아이들과 이런저런 일을 겪고 북적대며 살다가 어느새 아이도, 나도 성장하는 일이라는 것을 조금씩 깨닫고 있다.

'그래. 내 자신을, 그리고 아이들을 믿고 기다려 보자.'

06

교사 성장 스토리 3
: 학부모와 갈등 해결, 아이가 핵심이다

교사는 아이들 때문에 존재한다. 아이들을 위해 사는 사람이 또 있다. 바로 아이들의 부모다. 아이를 가장 잘 아는 사람, 아이의 역사를 함께 만들고 지켜본 사람이 바로 아이의 엄마와 아빠다. 아이를 둘러싼 사람들도 많다. 담임 선생님, 교장 선생님, 교감 선생님, 부모님, 학원 선생님, 학습지 선생님 등 한 아이를 가르치고 기르는 다양한 존재다.

교사 입장에서 교육은 학교에 오는 아이들을 정해진 시간 동안 가르치고 돌보는 것일 수도 있다. 아이 입장에서의 배움은 어떨까? 아이는 학교를 배우는 곳의 일부라고 생각한다. 방과후학교, 태권도학원, 영어학원, 학습지 등 아이는 하루 동안에도 다양한 곳에서 서로 다른 선생님에게 배운다. 아이에게 학교 선생님은 수많은 선생님 중 한 명이다.

아이가 성장하려면 아이를 둘러싼 존재들이 서로 박자를 잘 맞추어야 한다. 이들이 만드는 엇박자는 아이들을 혼란스럽게 한다. 대표적인 엇박자는 '갈등'이다. 그중에서도 학부모와 교사의 갈등은 아이를 힘들게 하고 많은 상처를 준다.

신규 교사 시절, 가장 불편하고 부담스러웠던 일은 학부모 상담이었다. 문자든 전화든 만남이든 모든 형태의 상담을 피하고 싶었다. 상담은 나보다 나이가 많은 학부모와 이야기를 나누어야 하는 불편한 일이었고, 짜 놓은 각본대로 말하는 것이 아니라 이야기를 진행하면서 내 생각과 적절한 대답을 만들어 내야 하는 일이었다. 이렇게 되면 없는 밑천도 다 드러난다. 특히 말주변이 부족한 나는 학부모의 생각에 지나치게 동조하며 소신 없는 말을 하지는 않을까 걱정이 되었다.

상담에도 해야 할 말과 원칙이 있는데 그때는 아무것도 모른 채 학부모를 만났다. 학부모를 나와 대립하는 존재라고 생각했기 때문에 항상 불편하고 부담스러웠다. 학부모에게 권위를 잃어서는 안 된다는 강박 또한 학부모와의 관계에 벽을 세웠다.

한번은 학부모와 불화가 생겼다. 불화는 한 번의 사건으로 생기지 않는다. 작은 불신과 오해가 쌓여 생긴다. 내가 겪은 일도 그동안 쌓아 온 일의 당연한 결과였다. 청소 시간에 한 여자아이가 울먹거리며 다가왔다.

"선생님, 제가 계단 청소를 하고 있는데 상민이가 쓰레기를 계속 밟으며 장난쳤어요. 그만하라고 했는데도 계속 그랬어요."

상민이를 불렀다.

"상민아, 수진이가 한 말이 맞니?"

"아닌데요. 기억 안 나요."

"수진이는 그랬다는데……. 아무 일 없었으면 수진이가 울면서 왔을까?"

"진짜 안 했어요."

"거짓말 할 거니?"

상민이는 평소에 내 앞에서 하는 행동과 뒤에서 하는 행동이 다른 아이였다. 순진하고 귀여운 외모의 상민이는 나와 함께 있을 때는 착한 학생이었지만, 하교 후에는 소위 잘나가는 친구들과 몰려다니며 다른 친구들을 괴롭히거나 나쁜 행동을 했다. 그날도 거짓말하는 상민이의 모습에 화가 나 혼쭐낸 후 집으로 돌려보냈다. 빈 교실에 앉아 업무를 처리하고 있는데 전화가 걸려 왔다. 상민이 아버지였다. 목소리가 이미 흥분한 상태였다.

"선생님, 상민이가 대체 무슨 잘못을 했습니까?"

"네? 아버님, 아까 청소 시간에 있었던 일을 말씀하시는 건가요?"

"네! 우리 애가 안 했다는데 왜 안 믿어 주세요?"

나는 청소 시간에 이런 일이 있었다고 말씀드렸다.

"그러니까, 선생님이 보셨어요? 보시지도 않고 왜 우리 아이를 의심하세요?"

"아니, 아버님. 말을 그렇게 하시면 안 되죠. 그 상황에서 그럼 제가 어떻게 해야 합니까?"

내 속도 끓었다. 화가 치밀었다. 나도 똑같이 격앙된 목소리로 응대했다. 여기서 밀린다면 교사의 권위도 잃고 내 잘못을 인정하게 되는 셈이다. 그러긴 싫었다.

"뭐라고요? 지금 선생님은 교직 경력이 몇 년이나 되시는데 그런 말씀을 하세요? 네?"

"지금 뭐라고 말씀하셨어요? 뭐라고 말씀하셨냐고요! 지금부터 교권 침해로 녹음하겠습니다."

"교권 침해요? 제가 무슨 말을 했는데 교권 침해인가요? 교장 선생님께 전화하겠습니다."

교사가 아이의 문제를 부모에게 알리겠다고 겁을 주는 것처럼 학부모도 교사를 겁주는 방법이 윗사람이나 상위 기관에 연락하는 것이라고 생각한다. 나도 아이들에게 그런 말을 가끔 했는데 직접 당하니 참 어이가 없었다. 상민이 아버지는 그렇게 전화를 끊었다.

몇 분 후 교장 선생님께 연락이 왔다. 교장실로 내려오라고 하셨다. 나는 방금 통화했던 내용을 그대로 기록해서 내 잘못이 없다는 것을 증명하려고 했다. 사건 내용을 적은 종이 한 장을 들고 교장실로 내려갔다. 며칠 후에 학부모가 오신다고 했으니 그때 함께 이야기를 나누어 보자고 하셨다. 교실로 돌아온 후 왈칵 눈물을 쏟았다. 그때가 임신 7개월로 뱃속에 첫째 아이가 있었다. 부른 배를 부여잡고 목 놓아 울었다. 마냥 억울했다. 집에 돌아와서도 또 울었다. 눈물을 쏙 빼고는 컴퓨터 앞에 앉았다. 인터넷 원격연수 강의를 다시 들으면서 학부모 상담 편을 보며 받아 적었다. 내가 어디서 잘못한 건지, 내가 어떻게 말하고 행동해야 했었는지 나 자신을 돌아보았다. '이렇게 이야기했다면 상황이 여기까지 오지 않았을 텐데……. 내가 부족했구나.' 학부모가 학교에 찾아온다고 했으니 그때 이야기할 내용을 미리 글로 적어 보았다.

"학부모님, 먼저 사과 말씀드리고 싶습니다. 학부모님께서 전화하셨을 때 제가 먼저 어떻게 알고 계신지 확인하고 오해를 풀었어야 하는데 차분하게 말씀드리지 못한 점 죄송합니다. 학부모님께서도 불편한 감정이 쌓여 화가 나신 상태인데 제가 그 상황에서 하지 말아야 할 말을 했습니다. '교권 침해'라는 말은 제가 많이 속상해서 한 말입니다. 죄송합니다. 제가 어떻게 하면 이 문제를 잘 해결하고 아버님 마음을 풀어드릴 수 있을까요?"

강의에서 찾은 매뉴얼대로 적고 자연스럽게 말하는 연습을 했다. 며칠 연습하다 보니 자연스럽게 외워졌다. 며칠 후 교장 선생님, 교감 선생님, 학년부장 선생님, 아이 아버님, 나까지 모두 한자리에 모였다. 먼저 교장 선생님께서 말씀을 하시고 나는 준비한 대로 아버님께 사과를 했다. 이 상황에서 더 이상 아버님 책임을 물고 늘어지는 것은 의미가 없었다. 나를 위해서 내 잘못된 점들을 인정하기로 했다. 다행히 잘 해결되었다. 아버님도 며칠 밤을 지새우며 불편한 마음으로 지냈다고 하셨다. 내가 먼저 잘못을 인정하자 아버님께서도 당신의 경솔함을 사과하셨다.

시간이 흐른 후 이 일을 돌이켜보니 문제의 본질이 보였다. 내가 정말 말 한마디 잘못해서 학부모와 그런 일을 벌였던 것일까? 감정적으로 반응했기 때문에 그랬던 것일까? 아니었다. 겉으로 표현된 말은 곧 내 마음과 생각이었다. 나는 학부모와 한편에 서 있지 않았다. 학부모 앞에서 내 권위를 보호해야 했고, 내 잘못을 인정하거나 사과하는 것은 자존심 상하는 일이라고 생각했다. 나는 부모에게 아이의 문제점을 지적하기 바빴고, 아이를 그렇게 기른 부모를 탓하고 싶은 마음만 있었다. 이 상황에서 가장 중요한 아이는 온데간데없이 두 어른만 감정싸움을 하고 있었던 것이다. 정말 내게 아이를 생각하는 마음이 있었다면, 정말 학부모도 자녀를 생각하는 마음으로 이야기했다면 불편한 만남은 생기지 않았을 것이다.

교사와 학부모의 엇박자는 아이를 힘들게 한다. 상민이도 집과 학교에서 얼마나 힘들었을까. 초등학교 3학년밖에 안 된 어린아이가 속앓이를 했을 것이다. 아이에게 가장 중요한 두 존재인 교사와 학부모는 아이를 위해 박자를 맞추어야 한다. 박자를 맞추려면 자존심이나 허영 따위는 내려놓을 수 있어야 한다. 아이를 둘러싼 존재들이 아이를 위해 한편이 될 때, 아이는 자신의 삶을 성장시키는 행복한 삶을 살 수 있다.

말과 행동에서 존중을 발견하다

며칠 전 우연히 〈제보자들〉이라는 프로그램을 보았다. '먹방계의 샛별! 열일곱 살 시골 소녀의 속사정'을 취재한 내용이었다. 주인공은 BJ대지양으로 앳된 얼굴과 뚱뚱한 체격, 천진난만한 웃음이 트레이드 마크다. 방송을 시작하면 시청자가 9000명에 이를 정도로 인터넷 먹방계에서 인기스타라고 한다. 이 소녀는 경북 영양의 한 시골 마을에서 할머니, 아빠와 함께 살고 있었다.

'속사정'이라는 말에서 이미 소녀에게 상처가 있을 것이라고 짐작했다. 비정상적인 체격과 개인 방송에만 심취해 사는 소녀의 삶에는 생각보다 깊은 상처가 있었다. 소녀는 세 살 때 부모가 이혼하면서 아빠와 살게 되었다. 아빠가 아이를 혼자 키우기 어려워 시골에 있는 할머니 집으로 내려왔다. 아이는 어릴 적 농사짓는 할머니를 따라 밭에 가는 등 할머니를 참 많이 좋아하고 따랐다. 그런데 자라면서 할머니를 점점 멀리했다. 학교에서 돌아오면 아무 말 없이 자기 방으로 들어가 문을 걸어 잠그고 열어 주지 않았다. "소이야, 문 좀 열어 봐." 할머니의 애처로운 부탁에도 꿈쩍하지 않았다. 할머니는 손녀딸이 방 안에서 혼자 깔깔 웃는 것 같은데 도무지 무슨 일을 하는지 모르겠다며 눈시울을 붉혔다. 아빠도 한숨을 내쉬기는 마찬가지였다. 늦게까지 인터넷 방송을 하고 아침에 늦잠을 자는 아이를 깨우려고 잠긴 방문 대신 밖으로 나 있는 창문을 겨우 열어 대화를 시도했다.

소녀의 속사정을 알아보려고 프로파일러가 나섰다. 소녀는 프로파일러와 함께 식사하는 자리에서 냉면에 식초를 들이부었다. 아주 자극적인 맛을 지나치게 즐기는 듯했다. 프로파일러는 소녀에게 어릴 적 이야기를 물었다. 소녀는 그동안 싸매고 있던 상처를 하나씩 풀기 시작했다. 아이는 학교에서 친구들과 선생님께 받은 상처를 꺼냈다.

"반에서 저만 한글을 못 읽었어요. 선생님 입장에서는 골칫거리였겠죠. 반 애들한테 한글을 가르쳐 주라고 했나 봐요. 근데 못하면 한 대씩 쥐어박으라고 했대요. 그래서 한글 못 읽으면 친구들이 저를 막 쥐어박았어요."

"제가 정말 소심한 아이였어요. 말도 제대로 못하고, 대답도 못하고 그랬어요. 한번은 바지에 똥을 쌌는데 선생님이 수돗가 앞에서 제 옷을 벗겨서 씻겼어요. 근데 그 모습을 친구들이 다 보고 있었어요."

프로파일러는 소녀의 상태를 이렇게 진단했다.

"어린 시절 상처가 많습니다. 방송이라는 자기만의 안전한 공간을 만들어 놓고 그 속에서 자급자족하고 있습니다."

소녀는 어린 시절 충족되지 않은 욕구를 방송이라는 가상 공간에서 충족하고 있었다. 부모에게 받지 못한 사랑을 수많은 사람의 환호와 반응으로 채우려고 했다. 소녀의 '지나침'은 한마디로 '절규'였던 것이다. 엄마 없는 설움, 결핍된 사랑, 따돌림의 상처, 수치심, 모욕감, 외로움 등이 한데 모인 아픔의 절규였다. 아이에게 좋은 부모가 있었다면, 좋은 교사가 있었다면, 좋은 친구가 한 명 있었다면……. 아이의 삶에 그런 존재가 없었다는 것이 안타까웠다. 아이의 부정적인 기억 속에 남아 있는 사람이 학교 친구들과 초등학교 선생님이었다는 것도 참 씁쓸했다.

내가 만났던 아이들이 생각났다. 내가 만나고 있는 아이들도 생각났다. 다른 아이들에 비해 내 존재가 더 많이, 간절히 필요한 아이들, 나에게 절규하고 있는 아이들이 내게도 있다. 이 아이들을 만나는 일은 내가 많이 소진되는 일이다. 내가 가진 관심과 애정을 계속 퍼주어야 한다. 퍼주고 또 퍼주어도 부족하다고, 채워지지 않는다고 계속 달라 한다. 아이들 입장에서는 늘 불안하기 때문이다.

'어차피 내가 받은 것들은 가짜일 거야. 나는 변할 수 없어.' 상처란 그런 것이다. 메마른 땅에 물을 붓는 것처럼 여러 번 부어도 목마름이 해소되지 않는다. 갈증이 너무 깊기 때문이다.

교직 생활을 하면서 두려워하는 일이 하나 있다. 아이들에게 내가 한 말과 행동이 상처로 각인되는 일이다. 평생 기억하며 아파할 만한 기억을 새겨 주는 일, 생각만 해도 정말 끔찍하다. 나도 어린 시절 상처가 있기 때문에 상처가 주는 고통을 잘 안다. 상처받는 장면은 손상되지 않고 생생하게 저장된다. 그 사람이 나에게 했던 말, 그때 내가 느꼈던 감정이 고스란히 떠오른다. 꺼내어 볼 때마다 여전히 생생하다.

말과 행동의 상처가 얼마나 고통스러운지 알면서도 말과 행동을 조심하지 못할 때가 있다. 너무 화가 나서, 너무 속상해서 함부로 말하고 비아냥거리는 표정을 짓기도 한다. 아이가 나 때문에 입은 상처는 보지 못한 채 내가 아이에게 받은 모욕과 상처만 되갚아 주려고 한다. 아이와 똑같은 교사, 아이를 품어 줄 수 없는 교사, 그것이 바로 나였다.

김현수 박사의 『교사 상처』에는 한 아이가 자신의 이름을 잘못 불렀다는 이유로 온갖 방법으로 선생님을 괴롭혀 교실을 엉망으로 만드는 이야기가 나온다. 당신이라면 어떻게 행동하겠는가? 내가 했던 방법은 명령하기, 행동을 멈추라는 신호 보내기, 화내기, 소리 지르기, 우리에게 피해를 주고 있다고 알리기, 모욕감 주기 등이었다. 책에서는 훌륭한 교사라면 이렇게 해결할 것이라고 말한다.

"피터, 내가 이름을 잘못 불러서 미안해."

아이를 속상하게 한 것에 정면으로 사과한다. 아주 간단한 방법이지만, 아이를 존중하는 방식이다. 내가 쉽게 썼던 방법은 주로 아이에게 상처와 수치심을 주고 아이를 함부로 대하는 것이었다. 아이들을 내 발

아래로 누르는 데 잔뜩 에너지를 쏟았다. 아이들에 대한 이해가 부족해서이기도 하고, 내 자신의 문제 때문이기도 했다. 습관의 탓이기도 하고 연습 부족이기도 했다. 결국 내 잘못이었다.

'아이를 존중하라.' 이것은 아이들을 대하는 기본 원칙이다. 존중은 참 막연한 말이다. 존중하는 마음을 가지라는 말일 텐데 마음만 가지고는 안 된다는 것을 알았다. 마음은 언제든 변하기 때문이다. 그리고 존중은 표현함으로써 완성된다. 교사는 존중하는 마음을 갖는 것과 함께 존중하는 말과 행동을 보여야 한다. 아이가 존중받는다는 것을 느낄 수 있도록 마음을 드러내 보여 주어야 한다.

"나는 너를 존중하는데, 너는 왜 나를 존중하지 않는 거야? 앞으로 너를 함부로 대할까?"

너무 화가 난 나머지 아이에게 이렇게 큰 소리를 친 적이 있다. "나는 너를 존중하는데?" 부끄럽지만 '존중하는 척을 하는데.'가 맞는 말이다. 존중하는 말과 태도를 흉내 냈다. 마음은 아이를 존중하지 않고 조종하는데 말이다.

"너를 함부로 대할까?" 이것도 우습다. 나는 이미 말투와 고함으로 아이를 함부로 대하고 있었다. 돌이켜보면 나 자신을 스스로 깨닫지 못할 때가 많았다. 내가 어떤 내용을 담아 이야기하는지, 어떤 날을 세워 아이를 찌르고 있는지 몰랐다. 내가 했던 말과 행동을 돌이켜보고, 곱씹어 보지 않으면 절대 잘못을 깨닫지 못한다. 깨달아도 노력하지 않으면 아이들 앞에 똑같은 모습으로 서게 된다.

교사는 늘 아이에게 고쳐야 할 행동을 이야기한다. 노력해서 바꾸어 보라고 끊임없이 요구한다. 그러면서 정작 자신에게는 끊임없이 아이들 앞에 다른 모습으로 서라고 이야기하지 않는다. 나는 아이와 말다툼이나 하고 있는 마음의 크기를 넓히려고 대체 어떤 노력을 얼마나 했을까? 나 스스로에게 물어보았다.

〈제보자들〉에 출연한 소녀를 존중하는 사람이 단 한 명이라도 있었다면 소녀도 스스로를 존중하는 방법을 알 수 있었지 않았을까. 적어도 자신은 내버려둔 채 타인의 행복을 위해 살지는 않았을 것이다. 어떤 아이에게는 아이를 존중하는 선생님, 아이에게 존중하는 마음을 표현하는 선생님이 간절하다. 이 갈급한 아이들에게 존중과 사랑을 맛보게 해주어야 한다. 그래서 나는 오늘도 기도한다. 나 자신을 위해, 내 아이들을 위해서 말이다.

아이들과 함께한 시간,
'불행'에서 '행복'으로 바뀌다

교직 7년 차 교사가 된 이후, 이렇게 아프고 힘든 시기는 없었다. 평범하지 않은 아이들을 만나면서 내 삶은 불행해졌다고 믿었다. 새 학교에서 행복한 시작을 기대했지만 그 기대는 첫날부터 무너졌다. 저학년을 주로 맡았고 육아휴직을 하는 동안 많이 배우고 공부했으니 잘해야 하는 것이 맞았다. 적어도 노력한 만큼은 결과를 얻어야 했다. 그런데 내 기대와 이상은 처참히 무너졌다. 나의 노력이 욕심을 낳았다. 그래도 내가 좀 더 열심히 하면 아이들은 변할 것이라고 믿었다. 그런데 내가 더 열심히 하면 할수록 아이들은 멀어져 갔다. 열심의 목적과 방향이 완전히 어긋나 있었다.

어느새 아이들과 하루를 버티는 것이 목표인 삶을 살기 시작했다.

오늘 하루 출근하면 10만 원을 번다. 보육 아르바이트를 한다 생각하고 일단 가자고 다짐한 후 억지로 몸을 끌고 학교로 갔다.

예상대로 힘든 날, 예상하지 않았는데 힘든 날, 예상했는데도 힘든 날 온통 힘든 날뿐이었다. 더 이상 교직에 머무르고 싶지 않았다. 휴직, 사직을 고민했다. 이도 저도 쉽게 결정을 내릴 수 없었다. 내가 교직을 선택한 이유 때문이었다. 교직에서 얻는 만족과 유익을 다 내려놓고 새로운 일을 시작할 용기가 없었다. 주변에 문을 두드리기 시작했다. 학교에서 내가 도움을 요청할 수 있는 사람, 학교 밖에서 물어볼 만한 사람들을 찾아 나섰다. "제가 어떻게 해야 할까요? 도와주세요."

조언을 받은 대로 다양한 방법을 시도했다. 내가 찾은 방법들도 모두 적용해 보았다. 그런데 이 방법들은 일시적인 효과만 있거나 이 특별한 아이들에게는 전혀 효과가 없었다. 가장 큰 문제는 내가 그 방법들을 적용하는 것이 어색하고, 일관되게 유지하기가 어렵다는 것이었다. 방법의 문제가 아니었다. 아이들을 보는 내 시각과 관점이 변해야 했다. 내가 변해야 했다.

나라는 사람을 자세히 들여다보기 시작했다. 내가 아이들에게 어떤 말과 행동을 하는지부터, 내 생각과 교육 철학, 어린 시절의 상처, 나의 부모님, 교사로서 그동안의 삶 등을 말이다. 나와 관련된 모든 일, 교사로서 경험한 모든 일을 돌아보아야 했다.

나를 돌아본 결과가 이 책이다. 글을 쓰며 아이들과 겪었던 아픔을 떠올릴 때마다 눈물이 났다. 아이들에게 함부로 했던 일, 상처를 준 일,

내가 상처받은 일이 생각났다. 정말 많이 후회했다. 그렇게 성숙하지 못한 교사가 나였다.

글을 쓰면서 나를 지지해 준 사람들과 있었던 일을 떠올릴 때면 마음이 편안했다. 그분들의 존재와 따뜻한 미소, 말 한마디가 그대로 와닿았다. 그때 느낀 감정과 따스함이 똑같이 밀려왔다. 아픔도, 기쁨도, 감사함도 그랬다. 나에게 각인된 장면은 내 안에 그대로 존재하고 있었다.

나 자신을 떠올리면서 부모님을 많이 생각했다. 어린 시절 상처를 여전히 간직한 나는 부족한 성품을 모두 부모의 탓으로 돌리고 있었다. 부모님 책임 절반, 내 책임 절반인데 말이다.

남편도 많이 생각했다. 남편이 뒤늦게 자기 적성에 맞는 직업을 찾는 과정을 지켜보면서 나는 아이들에게 무엇을 가르쳐야 할지 고민했다. 남편 때문에 내가 어떻게 성장했는지 돌아보기도 했다. 내가 힘들 때 내 곁을 가장 힘 있게 지켜준 사람이 남편이다. 남편에게 참 고맙다.

글을 쓰면서 나를 인정하게 되었다. 나를 객관적으로 보게 되었다. 과거의 나를 떠올리는 순간은 참 행복했다. 고등학교 시절의 나, 대학 시절의 나, 신규 교사 시절의 나, 가장 힘든 시절의 나를 돌아보는데 왜 이렇게 어설프고 웃긴지, 아프고 저린지 모르겠다.

나를 다 쓰고 나니 내가 참 괜찮은 사람처럼 보였다. 이 정도의 아픔도 다 겪어 내고 이겨 낸 나였다. 못났지만 노력하는 나이고 성장하고 있는 나였다. 나는 아이들과 함께 지냈기 때문에 성장할 수 있었다. 특히 나를 불행하게 했던 아이들 덕분에 좀 더 진실한 교사, 성숙한 교사가 될 수 있었다.

아이들과 학부모를 만나는 일을 진실한 마음으로 해야 한다는 것을 몰랐던 내가 진실해야 한다는 생각을 갖게 되었다. 실패하고 노력하는 과정을 거쳐 진실한 마음으로 아이들과 학부모를 마주할 수 있게 되었다. 아이를 생각하면 눈물이 나고, 부모를 생각하면 또 눈물이 난다. 나와 아주 가까운 사람처럼 아이 문제가 내게 와닿는다. 그렇게까지 할 필요가 있느냐고 말하는 사람들도 있을 것이다. 교사의 책무만 잘 해내면 되지 않느냐고 반문하는 사람도 있을 것이다. 그래도 충분하다. 그런데 나는 이런 내가 좋다. 마음이 저절로 가서 그렇게 할 수밖에 없는 것이다.

교직 경력 7년 차, 내 삶에 가장 불행한 순간이 가장 행복한 순간으로 바뀌었다. 가장 감사한 순간으로 바뀌었다. 최악의 아이들이 최고로 사랑스러운 아이들로 바뀌었다. 교사의 삶이 너무 힘들게 느껴질 때, 이 책이 힘이 되었으면 좋겠다. 위로가 되었으면 좋겠다.

"선생님, 지금 많이 힘들지요? 그래도 이 아이에게는 선생님이 전부입니다. 조금만 더 함께 버텨 주세요. 울던 아이는 곧 눈물을 멈출 거예요. 그러고는 웃기 시작할 것입니다. 선생님이 기다려 준 덕분이에요. 감사합니다, 선생님."

나의 마음과 상황, 조건을 모두 움직이신 하나님께 감사드린다. 하나님께 온전히 영광을 돌린다. 하나님 안에서 아이들을 살리는 일을 할 것이다.